ALPHONSE TEISSÈDRE

Le 72e Régiment de Mobiles

(YONNE — CANTAL)

ET

LA DIVISION DE ROQUEBRUNE DU 17e CORPS

2e Armée de la Loire

(1870-71)

SAINT-FLOUR

IMPRIMERIE S. FROMENT, R

1898

LE

72e Régiment de Mobiles

ALPHONSE TEISSÈDRE

Le 72e Régiment de Mobiles

(YONNE — CANTAL)

ET

LA DIVISION DE ROQUEBRUNE DU 17e CORPS

2e Armée de la Loire

(1870-71)

SAINT-FLOUR
IMPRIMERIE S. FROMENT, RUE DU COLLÈGE

1898

AU 72^{E} RÉGIMENT DE MOBILES

AUX CAMARADES DE L'YONNE ET DU CANTAL TUÉS A L'ENNEMI

ERRATA

Lire *Poupry*, au lieu de Pourpry.
Lire *Pontlieu*, au lieu de Pontlieue.
Lire *Rose des Ordons*, au lieu de Roze des Ardons.

Page	ligne		
5	7	lire	*2 décembre* au lieu de 3 décembre.
7	4	»	*loin* au lieu de Loin.
9	17	»	*les convois... sont envoyés en arrière* au lieu de les convois envoyés... sont en arrière.
11	6	»	*sa retraite* au lieu de la retraite.
14	13	»	*de ci et de là* au lieu de ça et de là.
24	10	»	*engagés* au lieu de engagée.
50	21	»	*ce furent* au lieu de ce sont.
59	19	»	*leurs toiles de tente* au lieu de leur toile de tente.
60	10	»	*de Ruaudin* au lieu du Ruaudin.
66	30	»	*quittée* au lieu de quitté.
68	21	»	*leur mouvement* au lieu de un mouvement.
71	10	»	*la cour* au lieu de les cours.
74	4	»	*en avant* au lieu de avant.
105	20	»	*ce vacarme* au lieu de le vacarme.
121	24	»	*je reçus* au lieu de je reçois.
122	21	»	*nos mobiles, pêle-mêle, tiraient à volonté; plusieurs sont blessés...* au lieu de nos mobiles se trouvaient pêle-mêle, faisant feu à volonté. Des mobiles sont blessés...
123	11	»	*arrivons* au lieu de arrivâmes.
126	11	»	*prussiennes* au lieu de prusiennes.
137	18	»	*Maulny* au lieu de Moulny.

Préface

Je vais, sans la moindre prétention littéraire, faire le récit de faits, bien anciens déjà, douloureux même, le parsemant de nombreux extraits d'auteurs sérieux, compétents, dignes de foi et n'ayant qu'une seule et constante préoccupation, celle d'être rigoureusement exact.

Deux raisons m'y poussent, deux mobiles m'y entraînent :

1° Rendre hommage à la mémoire des camarades tués à l'ennemi et réparer ainsi un oubli tout en rectifiant certains faits dans leur immuable vérité.

2° Tenir une promesse que j'avais faite, il y a 26 ans, alors que j'étais en captivité.

Et tout d'abord, il est regrettable que le Cantal soit un des rares départements où le souvenir des victimes de la guerre, au cours de l'année terrible, ne soit consacré par aucun monument, si modeste fût-il, marbre ou granit ; cependant notre département a été au moins aussi éprouvé que les autres. Il sait admirablement combien sont nombreux ceux de ses enfants qui, tombant sous les balles ennemies ou succombant aux maladies, aux

2

privations, n'ont pas repris leur place au foyer familial.

La ville de Sens a bien élevé sur la tombe des malheureux mobiles du Cantal que la mort a fauchés dans ses hôpitaux, un monument avec cette épitaphe : AUX MOBILES CANTALIENS.

Je remplis donc un devoir, je tiens une promesse.

En janvier 1871 j'écrivais :

« Monsieur le Maire,

« Je vous adresse les noms des mobiles de la 2e du 2 bat. qui sont prisonniers de guerre comme moi.

Suivaient 54 noms.

« Vous voudrez bien avertir les familles intéressées en leur faisant connaître que des secours de toute sorte sont nécessaires à leurs chers prisonniers.

« Je fais même un appel au pays.

« Nous lui devons compte de nos actes, aussi mon intention et celle de ces Messieurs est-elle de faire paraître, à notre rentrée en Auvergne, un document explicatif de notre conduite.

« Veuillez agréer, Monsieur le Maire... »

On nous a donné une consigne, nous l'avons fidèlement exécutée : « Restez là, a dit le général, jusqu'à ce que je vous rappelle ». Nous sommes restés à notre poste. On ne nous a pas rappelés et pour cause ; c'était en effet ouvrir toute grande, avant l'heure, la large artère qu'est la route de Parigné par où allaient se précipiter sur le Mans les masses allemandes, cavalerie et artillerie massées à Parigné, consommant ainsi un désastre inimaginable.

L'ennemi était hésitant. La veille, il n'avait pas tiré profit de l'immense avantage que lui donnait l'occupation du tertre rouge. Il ne se rendait pas un compte exact de la situation sans cela il eut forcé le passage, coûte que coûte, puisqu'il était en nombre. Nous avons retardé sa marche en avant, cela soit dit sans vanterie inutile ; nous avons gagné une heure, c'est absolument certain.

Si une heure est beaucoup dans la vie d'un peuple, c'est parfois tout pour une armée.

Le flot allemand a roulé autour de nous, il nous a emportés.

J'ai quant à moi conscience d'avoir rempli mon devoir, ceux de mes camarades qui ne sont plus avaient la conviction ferme d'avoir agi en bons soldats, ceux qui survivent l'ont encore inébranlable.

Fraisse le 26 Avril 1897.

ALPHONSE TEISSÈDRE

LE 72e MOBILES

ET LA DIVISION DE ROQUEBRUNE

Le 72e régiment de Mobiles est formé de deux bataillons du Cantal et d'un bataillon de l'Yonne. Le 1er bat. s'est organisé à Aurillac ; le 2e, à Saint-Flour. Ils ont touché des fusils à piston, des sacs recouverts de toile grise et pour tout habillement un képi, une blouse blanche et un pantalon de treillis. Le 3e s'est organisé à Sens ; plus heureux, il a touché des fusils à tabatière, des vareuses et des pantalons en drap.

On donnera à ces bataillons des chassepots le 29 novembre et des effets militaires le 8 janvier seulement.

Le 3e bataillon possédait en outre une nombreuse et excellente musique qui fut dissoute, je ne sais pourquoi, à Vendôme.

Les Mobiles du Cantal quittèrent ce département dans les premiers jours d'octobre et vinrent compléter leur instruction militaire soit à Auxerre, soit à Joigny, soit à Sens et autres lieux du département de l'Yonne comme Villeneuve et Saint-Julien-du-Sault. C'est dans ce dernier endroit que fut envoyée ma compagnie, la 2e du 2, capitaine Basset, et c'est des hauteurs qui dominent Saint-Julien que nous entendîmes, bien que cela puisse paraître invraisemblable, le canon de Coulmiers.

Trois jours après, c'est-à-dire le 12 novembre, le régiment, rassemblé à Sens, traverse par étapes l'Yonne et la Nièvre jusqu'à Bosny-sur-Loire où il prend la voie ferrée. Il arrive au Mans et rejoint la division de Roquebrune, 1re du 17e corps. les deux brigades de cette division sont les suivantes :

1re brigade BÉRAR :

41e régiment de marche,
74e régiment de mobiles (Lot-et-Garonne),
11e bataillon de chasseurs à pied.

2e brigade FAUSSEMAGNE :

43e régiment de marche,
72e régiment de mobiles (Cantal, Yonne).

Artillerie : 3 batteries { 19e du 6e régim· (mitrailleuses)
19e du 7e régiment, (4)
19e du 15e régiment. (4)

Génie : 1 section de la 3e *bis* du 1er régiment

L'entrée au Mans, musique en tête, du régiment, fut presque un événement ; nous semblions, avec nos blouses neuves, revenir de l'exercice et nous n'avions pas trop mauvaise tournure.

La division part, le lendemain, pour Saint-Calais. Les chasseurs marchent devant nous et tirent même en l'air quelques coups de fusil ; ce sont de véritables enfants. Après Saint Calais, Vendôme ; après Vendôme, Marchenoir, Ouzouer-le-Marché, Châteaudun enfin d'où nous entendons le canon de Brou où notre 3e division est engagée, puis retraite sur le camp de Marchenoir. Nous étions, paraît-il, trop en flèche et risquions d'être coupés.

C'est dans ce camp que nous reçûmes la visite de M. Raymond Bastid, l'un de nos députés.

Le 29, on remplace nos mauvais fusils à piston par des chassepots. Tout le monde est satisfait. Le 30 au soir, un signal fait au moyen de fusées paraît au Nord-Est et le lendemain de grand matin le camp est levé.

LOIGNY-POURPRY

1 et 2 Décembre

Dans le milieu du jour, nous rencontrons un général, gros et de petite taille, qui nous annonce très sérieusement que nous marchons sur Paris et nous fait distriber des cartouches. Au loin, retentit le grondement sourd du canon. Le régiment continue sa marche en avant.

Le lendemain, 3 décembre, dès huit heures du matin, le canon tonne à l'Est et devant nous. On s'arrête souvent et les hommes emploient leur temps à apprendre la manœuvre du chassepot qui leur devient bientôt familière.

Très allègrement, nous marchons au canon à travers champs. La fusillade est intense en avant de nous et une fumée épaisse envahit de ce côté tout l'horizon.

Le régiment arrive en face d'un village que l'on dit s'appeler les uns Loigny, les autres Neuvilliers et qui est en flammes. Beaucoup de blessés rapportent que l'artillerie du 17e corps, a été prise sans tirer un coup de canon, .ce qui n'était heureusement pas exact ; que le général de Sonis a été tué ainsi que le général de Charette et enfin que le bataillon de zouaves pontificaux a été décimé.

Le régiment, il faut s'y attendre, va être engagé,

mais la nuit vient à cinq heures et le combat cesse.

Je trouve dans le récit de la bataille de Loigny-Pourpry, appelée bien à tort Patay, les lignes suivantes :

Malheureusement, le gros du 17e corps n'était arrivé qu'à onze heures à Patay, sans avoir eu le temps de prendre aucune nourriture ; la 1re division Roquebrune même n'y arrivait qu'à cinq heures du soir.

Quoiqu'il pût faire, le général de Sonis ne put se mettre en marche que très tard avec ce qui était capable de le suivre. (CHANSY.)

Le 17e corps, auquel s'est enfin ralliée la division Dubois de Jancigny, engagée vers trois heures et assez éprouvée, appuie à droite de Terminiers et campe dans une grande plaine, légèrement ondulée, limitée au Nord par une colline élevée, courant de l'Est à l'Ouest et traversée en biais par une route.

Des officiers du 16e corps, qui s'installent à notre bivouac, nous racontent les péripéties de ces deux journées de combat, pouvant se résumer ainsi :

1er décembre, succès du 16e corps à Villlepion.

2 décembre, succès du 15e corps à Pourpry, fléchissement du 16e corps qui, à la fin de la journée, ne peut supporter le choc des renforts que le prince Frédéric-Charles a envoyés, n'étant ni aidé par la cavalerie du général Michel

qui aurait pu faire une diversion utile et changer peut-être le sort de la journée, ni secouru assez à temps par le 17e corps dont les troupes venant de Loin, à marche forcée, étaient harassées, n'avaient pas mangé et manquaient même de munitions.

Le 1er décembre, nous disent-ils, le 16e corps se mit en marche à dix heures du matin, infanterie à travers champs, artillerie et cavalerie sur les routes. La neige couvrait le sol mais le terrain était durci par la gelée.

Chanzy arrive à Patay.

Il lance la 1re division (Jauréguiberry) contre Guillonville et Goumier ; cette division enlève d'abord la ferme Guillard, sur la gauche, puis Goumier et Guillonville.

Les Allemands se concentrent à Villepion et Terminiers. L'amiral emporte à la baïonnette le château et les fermes de Villepion et s'y établit.

Les ennemis abandonnent alors Terminiers sans songer à enlever leurs blessés et leurs morts dont la plaine est couverte.

Le 2 décembre, le 16e corps s'ébranle à sept heures et demie du matin et marche à l'ennemi.

La division Barry s'avance sur Loigny et Goury; la division de cavalerie du général Michel doit déborder l'ennemi vers Orgères ; la division Morandy marche de Terminiers et Sougy sur Neuvilliers et Lumeau ; enfin la division Jauréguiberry se tient avec la grosse artillerie en réserve derrière la division Barry.

Loigny est enlevé par le général Barry qui marche sur Goury. Le général Morandy s'est emparé de Neuvilliers et la cavalerie est à 3 kilomètres d'Orgères.

Les troupes de l'amiral Jauréguiberry s'élancent vers le parc de Goury que n'ont pu garder les troupes du général Barry et s'en emparent de nouveau. Mais peu après la division Barry est débordée à gauche et se trouve, à midi et demi, en désordre à la hauteur du château de Villepion.

La division Morandy, repoussée dans sa marche sur Lumeau, se retire en complet désarroi sur Terminiers et la cavalerie n'est plus en vue.

Les Allemands reçoivent de nombreux renforts expédiés en toute hâte par le prince Frédéric-Charles et ils prononcent un vigoureux retour offensif contre le 16e corps affaibli et désorganisé sur sa droite.

A trois heures et demie, entre en ligne la division Dubois de Jancigny du 17e corps qui, mal engagée, éprouve des pertes sensibles ; puis arrivent le général de Sonis, commandant le corps d'armée, et les zouaves pontificaux.

A ce moment, on entend les mitrailleuses du 15e corps, vainqueur à Pourpry.

Le général de Sonis est blessé, ainsi que le général de Charette. Les zouaves pontificaux se précipitent, à leur suite, sur les Prussiens, les abordent sans tirer un coup de fusil, enlèvent un petit bois et pénètrent dans Loigny que défend encore le 37e de marche, acculé dans le cimetière.

Le 17e corps arrivant plus tôt eut permis de donner aux troupes engagées depuis le matin le temps de souffler; c'eût été un renfort faisant échec aux renforts prussiens; les phases de la bataille se fussent modifiées et il est à croire que l'issue n'en aurait pas été la même.

La division Roquebrune dépassait Terminiers à cinq heures seulement; elle était incomplète.

Le 74e mobiles, retenu à Varize, près de Châteaudun, n'avait pas encore rejoint; il rejoindra le 6 décembre à Josnes et prendra part à la plupart des combats soutenus par la division.

Si nos pertes étaient cruelles, plus de 4.000 hommes, celles de l'ennemi étaient sérieuses, au moins autant dont 220 officiers; il n'en a jamais, du reste, indiqué l'importance réelle.

Le 3 décembre, des munitions tirées de la réserve du 16e corps sont distribuées au 17e corps qui en manque. Les convois envoyés, parc et matériel roulant, sont en arrière et on les voit bientôt se perdre dans le Sud-Ouest.

Les divisions d'infanterie sont disposées en colonne double avec l'artillerie dans les créneaux.

Les bataillons, en première ligne déployés sur la crête des mamelons en avant de Terminiers et de Goumier couverte par des tirailleurs, les batteries dans les intervalles; puis l'autre moitié des bataillons dans chaque brigade et le reste de l'artillerie à 800 mètres en arrière formant une deuxième ligne de bataillons en colonne prête à être déployée et dissimulée autant que possible dans les plis de terrain. (CHANSY)

C'est dans cet ordre que s'effectue la retraite.

Le 16e corps avait pour destination Saint-Péravy, la cavalerie Coulimelle et le 17e corps Coulmiers.

Ce même jour, le 15e corps se retirait sur Orléans et tenait tête à l'ennemi, d'Artenay à Cercottes.

Vers deux heures, une vive canonnade se fait entendre à l'Est, du côté du 15e corps. Sur l'ordre de Chansy et pour faire diversion, la division Barry qui est à côté de nous, se porte à la hauteur d'Encornes et engage avec l'ennemi un combat d'artillerie qui l'arrête dans sa marche sur Orléans.

Dès le jour on avait pu apercevoir de grands mouvements chez l'ennemi. Bientôt des lignes immenses d'infanterie s'étaient déployées entre Lumeau, Loigny et Villerand et on avait pu croire à une attaque sérieuse. Mais après avoir fait quelques centaines de mètres dans notre direction, les Allemands nous trouvant sans doute prêts à combattre, s'étaient bornés à une forte canonnade (CHANSY).

En effet, nous marchions, ainsi groupés, depuis le matin, faisant souvent face en arrière; puis vers onze heures la canonnade éclata et devint violente surtout vers l'Est. A quatre heures, nous apercevions derrière nous la flamme des pièces qui méthodiquement et comme à l'exercice faisaient feu et se reportaient plus loin.

Le 3 décembre au soir, tout le 17e corps est à Gémigny et nous campons entre Gémigny et Coulmiers.

Les instructions du général en chef sont les suivantes : « Le 17e corps, à moins d'ordre con-« traire, opèrera la retraite en disputant les bois « par les diverses routes qui mènent de ses posi-« tions dans la direction d'Orléans. »

Le lendemain, de grand matin, nous faisons une tentative du côté d'Orléans, mais les ennemis ont déja gagné la Loire par Chaingy.

On entend par instants le canon des Ormes ; ce sont des pièces marines dont le son puissant et argentin, bien qu'éloigné et affaibli, produit une grande impression.

La canonnade qui a éclaté, dès la première heure, au loin, se rapproche sensiblement, s'accentue, se sépare enfin, s'éloignant vers l'Est et l'Ouest. Nous traversons des bouquets de bois et les précautions que l'on nous fait prendre indiquent surabondamment que l'ennemi est là tout proche.

Le général Chansy dit à ce propos :

Pendant cette marche dans les bois, le bruit du canon augmentait sur notre droite, indiquant les progrès rapides de l'ennemi, et bientôt on put entendre le bruit des pièces marines des Ormes.

Il fallut se décider à gagner Huisseau à travers les chemins impraticables de la forêt, avec la pensée de gagner le lendemain Orléans par Chaingy, la chaussée du chemin de fer et la route.

La nuit vint empêcher tout mouvement.

Divers officiers envoyés ne purent arriver à Orléans.

La retraite s'effectua avec beaucoup de précision et d'ordre Nous atteignîmes Huisseau-sur-Mauves et campâmes autour d'un vieux château qui en est tout proche.

Le soir, au bivouac, nous avions l'habitude, à la compagnie, de nous réunir autour des feux de la première section et pendant que la soupe cuisait, même après, chacun y allait de sa petite histoire. Le capitaine Basset commençait le plus souvent.

Mais notre conteur habituel, le sergent Veisset, savait admirablement manier son auditoire, prenait des temps et racontait, avec un brio merveilleux, des histoires qu'il dramatisait ou rendait comiques à plaisir; il excellait dans le genre.

Quand, par hasard, le capitaine Devillas était des nôtres, c'étaient des nuits mémorables et nous faisions ample provision de gaîté.

Le colonel Faussemagne, chef énergique et bon, commandant la brigade, se plaçait fréquemment à proximité de nous et riait à se tordre des saillies burlesques de nos conteurs; il oubliait ainsi pour un instant les graves responsabilités qui pesaient lourdement sur lui.

Or, le soir du jour où nous campions à Huisseau, un sous-officier dont le nom m'échappe et qui, la veille, avait vu le maire de Coulmiers avec lequel il était, paraît-il, très lié, demanda la parole et reproduisit en ces termes le récit que son ami lui avait fait de la bataille du 9 novembre :

« Il est une heure. Les Français apparaissent dans la plaine. Quel magnifique spectacle ! Le feu a cessé sur la Renardière enlevée par nos troupes. L'ennemi bat en retraite derrière Montpipeaux.

« Les lignes françaises embrassent une étendue considérable Quelle multitude de soldats !

« Ils avancent dans un ordre admirable ; les bataillons de la ligne sont mêlés à ceux des chasseurs et des mobiles C'est un bonheur de revoir les pantalons rouges. L'heure de la délivrance a sonné.

« Les Français marchent sur Coulmiers.

« Je cours avec quelques habitants me mettre à la disposition du général d'Aurelles de Paladines.

« Nous étions en plein champ de bataille, au milieu des lignes françaises et de ces milliers de soldats qui remplissaient la plaine, non comme une foule tumultueuse et désordonnée : non, c'étaient des cordons parfaitement alignés, séparés les uns des autres à plusieurs mètres d'intervalle, les soldats reposant le genou à terre et semblant attendre des ordres.

« Enfin, je rejoins le général d'Aurelles.

« Il est trois heures. On entend le cri : En avant ! La division Barry occupe les abords du parc.

« Le général Barry met pied à terre et s'élance, l'épée à la main, à la tête du 22e régiment de mobiles dont le lieutenant colonel, M. de Chadois, reste à cheval et agite son képi à la pointe de son sabre, en excitant les soldats.

« Presque au même moment, le colonel Baille, du 38e de marche, s'avance avec son régiment et fait irruption dans le parc.

« Ces deux charges sont magnifiques d'allure et d'entrain.

« Les Prussiens culbutés, le parc et le château à nous, reste la ferme sur laquelle deux pièces de 8 de la réserve ouvrent un feu écrasant.

« Enfin on entend crier : baïonnette au canon ! et tout le monde se précipite vers le village sous une grêle de balles faisant, de çà et de là, des trouées.

« Après la victoire, les cloches sonnent à toute volée dans les villages.

« Bien que la division de cavalerie du général Reyau n'eût point, dans cette journée, rempli le rôle qui lui revenait, nous avions fait 2.500 prisonniers, les Bavarois en fuite avaient gagné Toury, d'une traite, et dans leur affolement s'étaient, durant ce parcours, fusillés entre eux. »

Nous applaudîmes chaleureusement notre conteur qui nous avait fait tressaillir d'aise en évoquant la page glorieuse de Coulmiers.

Ramenés bientôt à la triste réalité des choses, nous songeâmes à notre retraite, conséquence fatale de la capitulation de l'armée de Metz qui avait permis à des forces considérables allemandes d'accourir, brûlant les étapes, sous les ordres du prince Frédéric-Charles, pour nous écraser à Beaune-la-Rolande et à Loigny.

Nous nous disions que si cette capitulation, même nécessaire, eût été retardée d'un mois seulement, nous serions, selon toute vraisemblance, en ce moment victorieux près de Paris, car nous n'hésitions pas à penser que la défaite de Loigny causée par les nombreux renforts envoyés par le prince Frédéric-Charles se serait, malgré l'entrée tardive du 17e corps, changée en victoire, nos succès de Villepion et de Pourpry en étant un sûr garant.

Enfin, tout bas, bien bas, nous relevions l'imprudence et la témérité de Chansy qui avait engagé à fond ses troupes sans avoir là sous la main sa réserve, le 17e corps.

Le 17e corps, accouru à marches forcées, était arrivé trop tard pour contrebalancer l'apparition sur le champ de bataille des renforts ennemis.

Le 5 décembre, par d'affreux chemins, le régiment se dirigea sur Baccon d'abord, sur Josnes ensuite, quartier général de Chansy.

L'artillerie défila devant nous à plusieurs reprises, dans cette marche énervante de toute une journée. Les chevaux étaient relativement bons, mais bien efflanqués.

Le 6 décembre, la division de Roquebrune reçut le 74e régiment de mobiles et se trouva ainsi au complet. Elle vint camper près de Villorceau, dans les champs et les vignes qui bordent la route de Beaugency à Josnes.

Bataille de Beaugency

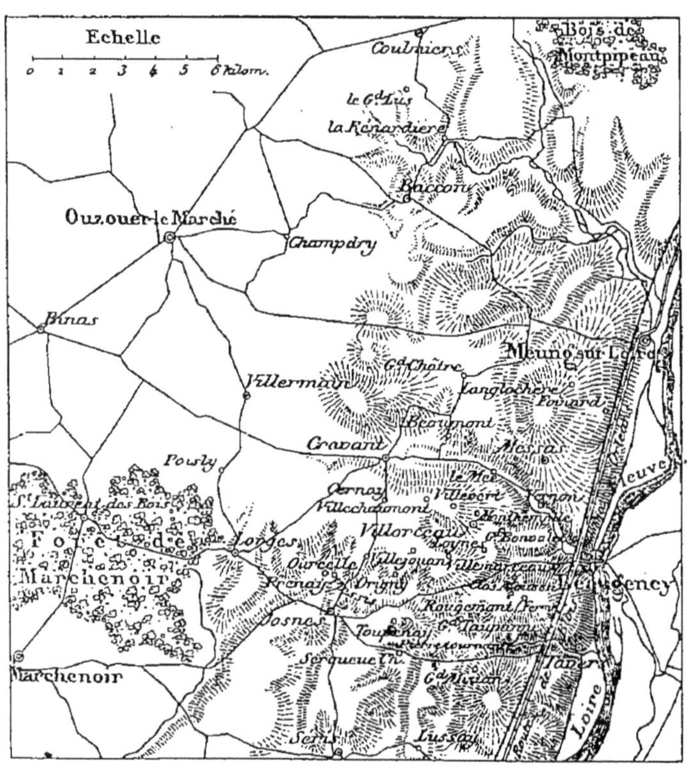

BEAUGENCY

7, 8, 9, 10 et 11 Décembre

Le plateau de Rougemont possède la côte la plus élevée de la région ; il offre, par suite, une vue d'ensemble, si bien qu'un spectateur, placé là, au jour de la lutte, n'en eût perdu aucun détail.

Situé à environ 2 000 mètres au Sud Sud Ouest de Beaugency, pas loin de la Loire dont il domine la rive gauche et la plaine qui y aboutit, ce plateau se termine de ce côté par un ravin profond coupant le mouvement de terrain qui borde le fleuve sur lequel Beaugency et le village de Tavers sont bâtis. La voie ferrée, parallèle à la route, longe la crête de ce mouvement de terrain et franchit le ravin de Tavers sur un viaduc de proportions vraiment monumentales.

La ferme de Rougemont couronne le plateau, au Nord, dans sa partie la plus élevée ; on y accède par une pente relativement douce, allant mourir à quelque distance de Loynes dans la grande plaine qui s'étend vers Josnes et Villorceau.

Le terrain de la plaine est légèrement mamelonné et, malgré de faibles pentes, offre de nombreuses dépressions ; les terres sont labourées pour recevoir des céréales et parsemées de vignes en échalas.

On distingue des fermes, des villages, Villorceau avec son clocher pointu au premier plan, et en face le plateau très allongé de Loynes dont les crètes courent de l'Est à l'Ouest, de Villorceau à Beaugency. Ce plateau cache la vue dans la direction de Villevert.

Sur la droite, les tours de Beaugency, le ravin de Vernon aboutissant à la partie basse de la ville et séparant le Mée de Messas.

A gauche, la forêt de Marchenoir terminant à l'horizon la plaine ; dans la forêt, Saint-Laurent-des-Bois, et sur les confins, le village de Poisly ; puis en allant vers l'Est une suite de villages fort rapprochés les uns les autres : Lorges, Ourcelles, Origny, Villorceau, Monthemole, Villechaumont, Loynes, Villevert, Cravant, ce dernier à cheval de la route de Beaugency à Binas.

Plus au Nord, le Grand Châtre et sur son éminence le gros village de Baccon les dominant tous, enfin du côté de Meung-sur-Loire, Foinard et Langlochère, très rapprochés de cette ville, à leur gauche Beaumont, Messas sur une hauteur avec Vernon à ses pieds et le Mée en face.

En arrière de Rougemont, les villages de Séris, de Lussay, les fermes du grand Mizian, du grand et du petit Taupan, le château de Serqueu.

Le village de Josnes se trouve à l'Ouest, à proximité de la forêt de Marchenoir, au bout de la plaine et à l'opposé de Beaugency auquel il est relié par une route qui passe non loin d'Ourcelles et de Villorceau, au bas des pentes du plateau de Rougemont.

Le 7 décembre, au matin, l'ordre de bataille de nos troupes était le suivant :

A gauche, le 21e corps, de formation récente, était en position à Saint-Laurent des-Bois, adossé à la forêt de Marchenoir.

Au centre, le 17e corps : 3e division, général Deflandre ; 2e division, général Dubois de Jancigny ; 1re division, général de Roquebrune.

A droite, le 16e corps.

Et enfin, à l'extrême droite, du côté de Meung, la colonne mobile du général Camô.

Devant nous se trouvaient :

Les Bavarois du général Von der Tann ;

L'armée du grand duc de Mecklembourg (XIIIe corps) ;

L'armée du prince Frédéric-Charles, également appelé prince rouge, IIIe corps (Brandebourg), IXe (Schlewig-Holstein), Xe (Hanovre).

Nos hommes prennent le café à 6 heures et mangent la soupe à 10 heures ; ils ont abattu leurs tentes, à midi. Le régiment fait son appel et reste sous les armes

Le 43e régiment de marche s'avance le premier sur Villorceau ; il est suivi par le 11e bataillon de chasseurs qui prend sa droite et gagne Villevert.

Peu après, la fusillade éclate et devient intense, scandée par de nombreux coups de canon.

Les paysans, affolés, abandonnent en hâte leurs villages ; ils emportent ce qu'ils ont de précieux et passent en longues théories auprès de nous. Cet exode est navrant.

Déjà quelques habitations sont en flammes.

A 2 heures, ordre est transmis aux deux bataillons du Cantal de faire une reconnaissance en avant de Beaugency. Nous faisons par le flanc, traversons la ville au bas de laquelle une batterie tire dans la direction de Messas et nous nous avançons sur la route de Meung-sur Loire, que suivent des blessés, des gendarmes noirs de poudre et des mobiles se dirigeant sur Beaugency.

Les balles sifflent à nos oreilles et l'aumônier du 1er bataillon, très nerveux, s'écrie brusquement : « Mes amis, à genoux ; je vous bénis, car « vous allez tous mourir (*sic*). »

A la hauteur de Messas d'où partent des cris : en avant, à la baïonnette, le capitaine Basset reçoit l'ordre de soutenir les troupes qui y sont aux prises avec l'ennemi ; nous suivons un chemin au milieu des vignes, passons la voie ferrée sur un viaduc qui s'offre fort heureusement à nos regards et nous nous approchons de Messas ; mais les cris et la fusillade cessent. Le village est à nous de nouveau. La nuit tombe bientôt rapidement et nous reprenons le chemin de Beaugency baissant instinctivement la tête au passage d'obus que se lancent deux batteries d'une rive à l'autre de la Loire.

Nous campons aux portes de la ville.

Cette reconnaissance nous avait coûté un homme tué et trois blessés.

Pendant la nuit, la neige tomba en abondance et nous couvrit d'un manteau glacé d'une épaisseur de plusieurs centimètres. Le capitaine Basset, souffrant, s'était enveloppé d'une grande couverture que je lui avais cédée et dormait les poings fermés ; il ne forma plus bientôt qu'un bloc tout blanc valant mieux pour nous tous à la compagnie que le bloc enfariné de la fable.

Quant à moi, plongé dans une caisse à biscuits recouverte d'une toile de tente, je m'étais endormi, les pieds au feu, oubliant les impressions de la soirée, mais le feu s'éteignit et j'eus un réveil inattendu ; mes camarades prétendant que j'étais en train de geler me frictionnaient à tour de bras.

Revenons à la division Roquebrune.

Le 11e bataillon de chasseurs, après avoir d'abord occupé Monthemole, près de Villorceau, a marché au canon en obliquant à droite et en se dirigeant sur Vernon. Il a détaché deux compagnies aux batteries ; l'une d'elles reprend à la baïonnette sa batterie tombée dans une embuscade ; l'autre, par ses feux, empêche les Bavarois de s'approcher. (Historique.)

Le 43e régiment de marche s'est porté sur Villorceau. Le général de Roquebrune fait avancer le 3e bataillon entre Beaumont et Cravant ; le 2e bataillon appuie le mouvement et le 1er bataillon est en arrière à droite.

Le 3e bataillon dont la marche est arrêtée par

les obstacles arrive à la nuit sur les positions assignées. Il se trouve en face des troupes ennemies qui, le voyant seul, se précipitent à l'attaque ; il résiste et le 2e bataillon prend de son côté de bonnes positions défensives.

A la nuit, le régiment rentre au camp sous la conduite du colonel Faussemagne. (Historique).

Le 8, dès la première heure, le canon tonne et la fusillade s'engage à Cravant pour s'étendre bientôt sur toute la ligne de Saint-Laurent-des-Bois à Messas. Au bas de Beaugency, la batterie qui couvrait, la veille, Messas de ses feux, tire avec rage dans cette direction ; elle s'attire une riposte des batteries prussiennes qui atteignent la ville de leurs obus.

Le régiment se porte à 800 mètres environ de Beaugency, au bas des pentes du plateau de Rougemont, sa droite à la ligne du chemin de fer.

Chaque bataillon se couvre à 400 mètres par une ligne de tirailleurs. La 2e compagnie, capitaine Basset, se déploie devant le bataillon.

Au bout de la plaine, nous faisant face, Villorceau ; à droite, le plateau allongé de Loynes sur lequel a pris position une batterie de 12 de notre division ; derrière nous, des mitrailleuses et de l'artillerie, sous la garde du régiment, prêtes à battre l'une la plaine qui est de l'autre côté de la Loire et les autres celle qui s'étend sous nos yeux.

A midi, un officier du génie arrive avec une prolonge remplie de pelles et de pioches qu'il fait distribuer à nos hommes et en moins d'une demi-heure la compagnie tout entière est abritée derrière des épaulements.

A 5 heures, nous voyons courir des cavaliers dans la plaine, sur notre droite. A notre grande stupéfaction, nous reconnaissons des uhlans.

Par quelle trouée ont-ils pu passer ?

Les hommes vont leur envoyer des balles mais le capitaine Basset s'y oppose, avec raison, car nos projectiles pourraient atteindre les régiments de notre division ou du 16e corps qui sont, de ce côté, en avant de nous.

Le capitaine Basset va conférer avec le colonel et nous fait savoir que Beaugency est au pouvoir de l'ennemi.

A la nuit, la compagnie est relevée et nous apprenons, en regagnant le bataillon, que la ville de Beaugency a été bombardée, ce dont nous ne nous étions pas aperçus par suite de la fumée intense que le vent d'ouest chassait dans cette direction, et que l'armée prussienne qui suivait la rive gauche y avait pénétré à notre insu, quoiqu'on ait dit, par la partie basse de la ville et le pont sur la Loire qui y donne accès de ce côté.

Il n'est pas douteux que les Allemands n'aient bombardé Beaugency puisqu'ils l'avaient bombardé le matin pendant que nous y étions, au moins dans le quartier faisant face au ravin de Vernon. Comment aurions-nous pu ne pas nous apercevoir de la prise de la ville, si celle-ci eût été vraiment défendue ? Un combat disputé se livre avec bruit.

Notre officier payeur s'y étant rendu, à la nuit, avec une escorte, tomba sur un poste prussien qui l'accueillit par une grêle de balles et tua son cheval sous lui. L'escorte riposta énergiquement et on parla longtemps du courage dont avait fait preuve, dans cette circonstance, le fils du colonel de Cambefort, âgé de 16 ans seulement (1).

Vers trois heures, le bataillon de l'Yonne, appelé par l'amiral Jauréguiberry, avait soutenu les régiments de la division engagée depuis le matin et éprouvé des pertes sensibles.

6 officiers blessés, 77 sous-officiers et soldats tués ou blessés. Il avait souffert surtout des coups de l'artillerie ennemie et passé par les mêmes alternatives que le 43e de marche avec lequel il était rentré au camp à la nuit seulement.

Le combat se prolongea dans l'obscurité. On distinguait les coups de feu à la vive lumière qu'ils projetaient, surtout quand ils étaient tirés en salve. Des batteries faisaient encore échange d'obus dont la trajectoire apparaissait dans le ciel comme une ligne lumineuse aux extrémités de laquelle se trouvaient de rapides éclairs et de grands éclats.

Le spectacle était grandiose.

Tout le champ de bataille était marqué par les villages en feu, attestant la violence d'une lutte qui durait depuis le matin. De l'autre côté de la

(1) M. de Cambefort est actuellement capitaine d'infanterie.

Loire où il n'y avait eu ni lutte ni combat, des villages brûlaient également et on apercevait parfois les silhouettes noires des Prussiens incendiaires, mêlées à celles des habitants, leurs victimes, véritables ombres chinoises et diaboliques donnant, avec les clameurs lointaines, cris d'angoisse et de désespoir, cette impression lugubre qui fend le cœur et inspire même une secrète épouvante.

Il faisait froid, nous ne pouvions faire du feu et nous n'avions rien à manger.

Le régiment campa au-dessous de la ferme de Rougemont, face à Beaugency.

L'historique contient, au sujet de cette journée, les lignes suivantes :

« Le 72e mobiles a reçu des chassepots le 29 novembre.

« Le 7 décembre, il perd 1 tué et 3 blessés dans une reconnaissance en avant de Beaugency et le 8, au matin, il est en ligne sous les ordres du général Camô, en arrière de cette ville, la droite à la Loire.

« A 9 heures du matin, il se trouve en butte à des feux croisés d'artillerie venant d'une batterie établie au nord de Beaugency et d'une autre placée sur la rive gauche de la Loire.

« C'est sous les feux croisés de ces deux batteries, dont l'une nous prenait de face, l'autre en écharpe, que nous passâmes notre journée à la garde des mitrailleuses, comme aussi sans pouvoir nous servir avantageusement de nos armes vu la trop grande distance qui nous séparait des masses ennemies. »

(Commandant Bouscarel.)

« Le 8 décembre, à 6 heures du matin, un nouvel ordre enjoignait de prendre position sur les hauteurs à 600 mètres de la ville. Le canon grondait à l'ouest du côté de Josnes et de Villorceau.

« Je formai les deux bataillons, face au nord, et trois compagnies en tirailleurs pour protéger le front. (Il s'agit ici des deux bataillons du Cantal qui se trouvaient à la gauche de la ligne ferrée, séparés du bataillon de l'Yonne par une batterie de mitrailleuses.)

« L'action se rapprochait sensiblement, l'ennemi bombardait la ville.

« Notre batterie de droite ouvrit son feu, l'ennemi répondit aussitôt ainsi qu'une autre batterie prussienne sur la rive gauche de la Loire. Nous nous trouvions sous le feu croisé des obus percutants.

« Le capitaine de la batterie de droite fut tué. Toutes les troupes qui se trouvaient sur nos derrières furent s'abriter au talus du chemin de fer ; seuls, les bataillons du Cantal restèrent immobiles.

« La nuit mit fin au combat, l'ennemi occupait Beaugency.

« Abandonnant enfin la position, le 72e mobiles alla se placer la gauche à la ferme de Rougemont.

« Cette nuit se passa sans feu, sans vivres.

« Le régiment a perdu dans cette journée : 1 officier tué et 3 blessés (1), 1 officier prisonnier, 26 hommes tués, 61 blessés et cela sans tirer un coup de fusil. »

(Le colonel DE CAMBEFORT.)

« Je reconnus, le 8 décembre, avant le jour, dit le général Camô, dans sa brochure *La bataille de Josnes*, qu'il fallait s'élever sur le plateau de Rougemont, visé, sans nul doute, par la dépêche du ministre de la guerre.

« Sur ces entrefaites parut un capitaine de génie accompagné d'un détachement de cette arme conduisant des prolonges chargées d'outils de terrassement.

« Cet officier avait en mains un ordre ministériel qui lui prescrivait d'élever des retranchements sur la position en avant de Rougemont.

« Cette position était excellente, les batteries pouvant facilement porter leurs feux sur la plaine située de l'autre côté du ravin et qu'elle dominait.

« En outre, un mouvement de terrain allongé s'élevant à l'extrême droite, au bord et dans le sens de la Loire, était admirablement placé pour dérober les troupes à la vue des batteries que l'ennemi avait placées sur la rive gauche du fleuve.

« Des tranchées pour l'infanterie et des épaulements pour l'artillerie furent immédiatement établis par les mobiles du 72e régiment, à qui on

(1) Cet état de pertes pour les officiers est erroné.

avait distribué les outils apportés par les prolonges.

« Le 72e mobiles en avant de Rougemont, sa droite touchant la route ; un fort détachement à Beaugency ; le 59e de ligne et les éclaireurs de l'Ain à Vernon et Messas, tel était l'emplacement de mes troupes, le 8 décembre, et elles tinrent sur les positions indiquées ci-dessus pendant toute la journée.

« Les batteries de l'ennemi, placées sur la rive gauche de la Loire, ne pouvant canonner les troupes placées à Rougemont par un tir direct contre lequel elles étaient protégées par le mouvement de terrain parallèle au fleuve, leur envoyait, au moyen d'un tir courbe, des obus dont un certain nombre tomba au milieu des rangs des mobiles et de la réserve, mais naturellement ce tir était très incertain.

« Beaugency a été évacué à la fin de la journée, après bombardement et un long combat. » (1)

D'après l'historique des régiments :

« Le 41e de marche abat les tentes à 4 heures du matin ; on prend le café à 5 heures.

« A 8 heures, le canon tonne sur la gauche.

« A 9 heures, le régiment formé en bataille, en colonne par division, se porte entre Villevert et Villechaumont.

« Le 2e bataillon est soutien de la réserve d'artillerie. Il y restera jusqu'à 4 heures du soir.

(1) Cette assertion n'est pas exacte.

« Toutes les compagnies du régiment déployées en tirailleurs jusqu'à la route de Beaugency à Cravant restent engagées depuis le matin jusqu'au soir et épuisent plusieurs fois leurs munitions.

« Il y a alternative de revers et de succès.

« A 4 heures, la 2e division (Dubois de Jancigny) ayant battu en retraite et dégarni la gauche du régiment, le 2e bataillon charge l'ennemi à la baïonnette et dégage la batterie de Villevert qui avait cessé son feu faute de munitions et se trouvait fortement menacée.

« Le 74e mobiles avait eu à Varize, près de Châteaudun, un engagement brillant contre les Prussiens ; il n'avait rejoint la division que le 6 décembre seulement.

« Au matin, le 1er bataillon se porte en colonne de division à 300 mètres du village de Villechaumont où il supporte jusqu'à 6 heures du soir un feu très vif d'artillerie.

« Une compagnie déployée en tirailleurs s'avance jusqu'au village.

« Toutes les colonnes de droite et de gauche s'étant repliées, le bataillon soutient seul l'effort de l'infanterie prussienne qui s'est emparée du village et couvre la retraite avec la plus grande fermeté. »

Ces jeunes gens, dit le colonel du régiment, se montrèrent à la hauteur des vieilles troupes.

Le 11e bataillon de chasseurs à pied prend les armes à 10 heures du matin et se porte sur la gauche de Villorceau, à droite d'un bataillon du 43e de marche ; il soutient une ligne de tirailleurs qui pliait. Le bataillon se déploie tout entier en tirailleurs.

Après trois heures de combat, le commandant Fouineau fait savoir au colonel Faussemagne d'envoyer quelques troupes pour occuper les positions que le bataillon va abandonner faute de munitions.

Le mouvement en arrière s'effectue en bon ordre. A ce moment arrivent la compagnie Boudat qui s'est ruée à la baïonnette sur une batterie ennemie et la compagnie Grapin qui a beaucoup souffert des obus allemands.

Le bataillon se reforme et se porte en avant de Villorceau. La nuit arrive. Les autres troupes rentrent de toutes parts et l'obligent à regagner son campement de Loynes.

8 officiers tués ou blessés, 624 hommes tués, blessés ou disparus.

Le bataillon fut réorganisé avec un seul officier pour chacune des 1re et 3e compagnies, deux pour la 2e compagnie ; la 4e compagnie demeura à l'artillerie avec ses trois officiers.

Aux premiers coups de canon, c'est-à-dire vers 8 heures du matin, le 43e de marche gagne comme la veille Villorceau ; le 1er bataillon en colonne par division à demi distance, le 3e bataillon dans le même ordre, à sa gauche, le 2e bataillon déployé en arrière des batteries.

Le régiment a, à sa droite, le 11e bataillon de

chasseurs ; à sa gauche, une partie du 41e de marche ; en arrière, le 72e mobiles (Cantal et Yonne).

On est à l'abri des vues de l'ennemi, mais ses obus nous tuent quelques hommes.

Toutes les compagnies des 1er et 3e bataillons sont successivement envoyées au feu par le colonel Faussemagne ; elles se jettent sur les Allemands sous une pluie de balles ; quelques-unes vont fort loin; toutes se battent de très près avec l'ennemi. Il ne reste plus en réserve qu'une compagnie de chaque bataillon lorsque les Bavarois, menaçant notre centre, s'avancent à 500 mètres de Villorceau. Le capitaine Beltante, qui a pris le commandement des réserves, se porte au feu à leur tête, mais la nuit vient et le combat cesse sur toute la ligne.

Le 2e bataillon, resté derrière les batteries, souffre des feux de l'artillerie ennemie. A 1 heure, couvert par deux compagnies déployées en tirailleurs, il s'avance et fait des feux à volonté ; forcé de se retirer, il prend position en avant de Villorceau et ne rentre au camp qu'à la nuit.

7 officiers tués, 8 blessés, 93 hommes tués, 551 blessés, 422 disparus, tués, blessés ou prisonniers. Plus du tiers du 43e régiment de marche est resté sur le terrain ou a été fait prisonnier.

Le général Chansy termine ainsi le récit de la journée :

« A 3 heures, les troupes engagées depuis le matin étaient visiblement fatiguées. Jauréguiberry fit avancer alors les bataillons de la mobile de l'Yonne et du Cantal (72e mobiles), de la division de Roquebrune.

« Ils se portèrent en avant sans hésitation.

« Les premières troupes, voyant ce renfort, retrouvèrent leur ardeur. Le combat recommença plus violent que jamais. La route de Beaugency à Cravant fut bientôt de nouveau franchie et on s'empara de Beaumont en faisant un grand nombre de prisonniers.

« Plus à droite, la division Deplanque, longtemps arrêtée par un feu violent d'artillerie, continuait son mouvement, enlevait le village du Mée à la baïonnette et refoulait les Allemands.

« Tous les régiments de la division de Roquebrune s'étaient conduits avec la plus grande vigueur.

« Si la 2e division (Dubois de Jancigny) n'avait pas perdu du terrain, nos lignes seraient demeurées intactes.

« Nos pertes étaient considérables. De son coté, l'ennemi avait beaucoup souffert. Le terrain était couvert de ses morts et de ses blessés. »

En résumé, sauf l'évacuation insolite de Beaugency plutôt que sa prise ayant fatalement entraîné le retrait de la position de Messas et le léger recul de la division Dubois de Jancigny, nos troupes, après une lutte ardente et sans trêve de la journée entière, couchaient sur leurs positions. Toutefois l'occupation de Beaugency portait atteinte à la sécurité de la division Deplanque et du 16e corps en général qui avait sa droite en l'air et même ses derrières menacés. D'où la nécessité absolue de reporter ses troupes plus au Sud.

Le 9, au petit jour, le régiment prend les armes. Survient un officier d'état-major, porteur d'ordres, qui montrant brusquement, d'un air affolé, la masse sombre et compacte du 1er bataillon, s'écrie : « Les Prussiens ! Mais tirez donc dessus ! »

En toute autre circonstance, une douce hilarité nous eût gagnés ; un haussement d'épaules significatif et ce fut tout.

Au loin, nos lignes commencent à se détacher, on aperçoit même en certains endroits les troupes allemandes. L'air est d'une grande transparence. La fusillade éclate, les pièces de 12, en position depuis l'avant-veille sur le plateau de Loynes, répondent à la canonnade ennemie.

A ce moment, sur la gauche, un bataillon du 43e de marche, abrité derrière une ferme, se découvre brusquement et envoie plusieurs feux de salve sur une forte colonne bavaroise qui est en partie anéantie. C'est merveilleux et terrible. nous regardons de tous nos yeux ce spectacle d'un instant car la fumée s'élève déjà et obscurcit rapidement l'horizon.

Mais la réalité l'emporte sous la forme d'obus que nous lance une batterie allemande en position aux portes de Beaugency, à l'endroit où ma compagnie avait campé le 7 au soir.

Immédiatement, trois compagnies sont déployées en tirailleurs sous le commandement du capitaine Marty. Le bataillon escalade la crête du plateau et va se placer dans un léger retrait, à 60 mètres derrière la batterie d'artillerie qui occupe le plateau à droite de la ferme de Rougemont.

Nos pièces répondent. La ferme, atteinte par les obus malgré le drapeau qui flotte, brûle bientôt. On est obligé d'évacuer en hâte les nombreux blessés qui l'encombrent, parmi lesquels se trouve le capitaine Réveilhac, notre compatriote, du 43e de marche.

Le combat continue, mais l'artillerie ennemie est renforcée de deux autres batteries et il devient inégal. Nos artilleurs sont superbes ; ils répondent coup pour coup. J'en vois encore un qui, la tête enveloppée d'un mouchoir blanc, manœuvre sans relâche l'écouvillon.

Les obus éclatent devant nous et sur notre tête avec un bruit et un sifflement terribles.

Le plus grand nombre des artilleurs est atteint par les projectiles ; les officiers de la batterie s'avancent alors, à cheval, vers l'extrémité du plateau et, lunette en mains, examinent avec calme l'artillerie ennemie. Celle-ci redouble ses coups avec une telle furie que, par moment, les obus nous cachent le groupe d'officiers.

Arrive au même instant le général Camô, suivi d'un nombreux état-major ; le général confère avec les officiers d'artillerie, mais les Prussiens ont deviné sa présence et augmentent encore leurs feux.

Le général tourne bride avec son état-major et se retire au galop, en criant : « En retraite. »

Cette attitude excita nos murmures.

Quelques instants après, un éclat d'obus atteignait son cheval et le général était renversé ; on l'emportait évanoui à Tavers d'abord, à Mer ensuite.

Entre temps, les quelques artilleurs valides de la batterie attelaient leurs pièces et leurs caissons. Nous rappelions nos tirailleurs et nous nous repliions en bon ordre sur Tavers.

Le village de Tavers est situé à un kilomètre de la ferme de Rougemont ; il en est séparé par le ravin d'abord, par le chemin de fer ensuite ; le bataillon s'y rend et y retrouve le régiment.

On signale à 2 heures un convoi de vivres et nos hommes prennent part à une distribution dont ils ont grand besoin ; cette distribution se continua jusqu'au soir et fut même, de temps en temps, interrompue par les obus que les Allemands ne cessaient d'envoyer dans cette direction.

Vers 3 heures 1/2, les mitrailleuses du général Tripart, installées sur la voie même du chemin de fer, crachèrent leurs balles sur des masses profondes d'Allemands qui s'avançaient vers le ravin de Tavers, sur les bords duquel nous nous trouvions, près du viaduc et on apercevait fort bien du haut de ce dernier les trouées que chaque décharge faisait dans les rangs ennemis. Aux mitrailleuses se joignit bientôt la fusillade et les

Prussiens se retirèrent pendant que leurs batteries nous lançaient une grêle d'obus.

Nous couchâmes cette nuit-là sous un toit, sinon dans un lit ; c'était la première fois depuis plus de trois semaines. La nuit fut calme et nous dormîmes à poings fermés.

Les deux régiments de marche de la division avaient seuls été engagés.

41e régiment de marche. — Le 9, dès 5 heures du matin, le régiment, en colonne de division, s'était porté avec toute la division sur Villevert et Villechaumont pour masquer la retraite de la division Deplanque du 16e corps. A 9 heures, il bat en retraite par échelons de régiment et déployé avec toute la division sur les hauteurs de Serqueu, il reste spectateur des combats qui se sont engagés à sa droite et à sa gauche. (Historique.)

43e régiment de marche. — Le 9 décembre, à l'appel du matin, le régiment n'a que 35 officiers et 1.626 hommes. Dès 7 heures 1/2, le canon se remet à tonner. Le régiment se porte sur Villorceau un peu en arrière des positions qu'il occupait la veille. Une vive fusillade éclate sur la gauche de Villorceau, venant de Villevert. Les compagnies sont toutes déployées en tirailleurs. Les balles pleuvent dans les échalas.

Le colonel Faussemagne ordonne la retraite et le régiment se reforme dans un pli de terrain, à 500 mètres du village de Villorceau.

La brigade se porte en arrière sans être inquiétée par l'ennemi. Toutefois, les Prussiens démasquent à un moment des batteries et tirent sur le bataillon le plus rapproché de Villemarceau. Un obus tombe dans les rangs et tue huit hommes dont deux sous-officiers.

Les lignes de l'armée française se voient de loin. A droite du régiment est le 16e corps ; à sa gauche, la 1re brigade de la division, puis les autres divisions du 17e corps.

1 officier tué, 18 hommes tués, 98 blessés et 102 disparus, tués, blessés ou prisonniers.

A la nuit, le 43e reçoit l'ordre de camper face à la Loire. Il envoie ses grand-gardes aux Petit et Grand Taupan. Ses avant-postes sont l'objet d'une attaque vivement repoussée. (Historique.)

« Le calme s'était rétabli sur tout le reste de nos lignes, écrit Chansy ; il dura, sur la droite, jusque vers trois heures et demie de l'après-midi.

« A ce moment, le commandant en chef qui examinait avec l'amiral les travaux de la défense en avant de la ferme du Grand Mizian, vit déboucher des colonnes ennemies s'avançant en masses profondes sur le ravin de Tavers.

« Elles avaient pu se masser, sans être aperçues, derrière une crête qui va de Loynes à Beaugency et marchaient résolûment, croyant nous surprendre parce qu'elles pensaient notre droite désorganisée par la retraite de la veille.

« C'était évidemment pour les Allemands l'attaque principale de la journée ; ils la préparaient depuis le matin en appelant notre attention sur notre gauche par les démonstrations faites en avant de Poisly et vers Cernay (2e division du 17e corps) ; leur but évident était de nous tourner en longeant la chaussée du chemin de fer et la grande route d'Orléans à Blois.

« Le temps était très sombre.

« Nos troupes hésitèrent un instant à admettre que ce fût l'ennemi et purent croire que ces bataillons qui s'approchaient avec tant de calme appartenaient à la colonne du général Tripart.

« Néanmoins nos artilleurs étaient à leurs pièces et nos lignes bien formées, lorsque les têtes de colonne se déployèrent et firent cesser tout doute en ouvrant le feu à 1.200 mètres.

« Notre artillerie et nos tirailleurs furent prompts à répondre.

« Les bataillons prussiens, pris d'écharpe par nos mitrailleuses, étaient décimés, mais se reformaient et s'augmentaient constamment de nouvelles troupes qui apparaissaient sur la crête. Ils continuèrent à s'avancer avec la plus grande bravoure. Une partie franchit même le ravin de Tavers.

« La brigade Bourdillon ouvrit alors des feux d'ensemble tandis que le colonel Faussemagne formait sa brigade à la tête du ravin et sur leurs flancs.

« Les Allemands, surpris de cette résistance, démasquèrent à ce moment sur la droite de Villemarceau plusieurs batteries qui commencèrent leur tir sur la brigade Faussemagne mais que l'artillerie du général de Roquebrune, en position, en avant de Serqueu, réduisit bientôt au silence.

« Le combat ne finit néanmoins qu'à la nuit close.

« Nos troupes avaient repassé le ravin et les 75e et 76e régiments prussiens, qui étaient les plus engagés, durent se retirer en désordre et complètement battus, laissant le champ de bataille jonché de leurs morts et leurs blessés.

« On trouva, le lendemain, dans toutes les fermes des environs, tous ceux de ces derniers qui avaient pu s'y traîner.

« Le succès à l'aile droite était donc complet et l'amiral couchait sur les positions qu'il avait choisies. »

Le général Chansy, dans la relation qui précède, a été clair et exact; il a admirablement raconté ce qu'il a vu et je suis d'autant plus autorisé à le proclamer que j'ai vu et que les camarades ont vu comme moi.

Tout est donc vrai, absolument vrai, dans le récit du général Chansy au sujet du ravin de Tavers.

Que dit l'état-major allemand, avec son outrecuidance ordinaire ?

Depuis son offensive de la matinée, l'adversaire s'était maintenu dans une attitude expectante en face de la 17e division.

Vers 11 heures, il acheminait de grosses colonnes sur Villorceau et il ripostait très vigoureusement à la 5e batterie légère qui avait ouvert son feu au nord de Beaugency ; mais l'intervention des 5e et 6e batteries lourdes força les troupes assaillantes à rétrograder. (Voilà pour Rougemont.)

« Sur ces entrefaites, les deux bataillons du gros restés auprès du Grand Bonvalet (Fus. 75e et 76e) s'étaient embusqués également entre Le Closmoussu et Loynes et avaient entamé une fusillade très nourrie avec les contingents français des 16e et 17e corps qui leur faisaient face. Bientôt enlevés par les hurrahs de quelques compagnies qui accourent en ligne, les quatre bataillons réunis auprès de ces deux fermes s'élancent presque tout entiers, en avant, au pas de course.

« L'ennemi recule sur Dugny, poursuivi jusqu'à la Feularde par les troupes allemandes, en dépit des feux de salve, des décharges de mitrailleuses dont les Français en retraite couvrent les assaillants ; ils ne peuvent réussir à les arracher de la position conquise qui s'étendait, à droite jusqu'au grand Taupanne, à gauche jusqu'à la pierre tournante. (Voilà pour Tavers.) »

Je n'insiste pas.

Gambetta avait assisté à la bataille ; il avait admiré le courage et l'endurance des troupes et conféré longuement avec le général Chansy.

Ah ! si Bourbaki avait pu faire une diversion, il est à croire que les Allemands auraient été en fâcheuse posture.

Le 10, le régiment abandonne lentement ses positions de Tavers et arrive fort tard à Mer.

La 1re et la 2e du 2e bataillon reçoivent l'ordre de se rendre au château de Mesnars, où elles doivent surveiller les mouvements des Prussiens sur la rive gauche.

La 7e reçoit une mission semblable pour un endroit différent. Mais, après une marche de deux heures environ, elle est obligée de se replier devant une fusillade nourrie de l'ennemi, caché derrière des haies et que personne n'avait signalé.

A 3 heures du matin, un cavalier nous apporte l'ordre de rejoindre le régiment à Mer où nous arrivons à 7 heures du matin.

J'entre un moment au casino, converti en ambulance et rempli de blessés et de mourants que le temps et le manque de transports ne permettent pas d'évacuer. Quel spectacle inoubliable !

Les instructions du 10 décembre, du général en chef, lues au rapport dans chaque compagnie, sont les suivantes :

« L'ennemi repoussé à gauche et au centre paraissait avoir renoncé à un engagement sérieux, lorsque vers 3 heures 1/2 des colonnes nombreuses, massées au-delà de la crête qui se prolonge de Villorceau dans la direction de Beaugency, débouchèrent sur notre extrême droite avec l'intention évidente de nous tourner en se dirigeant sur Mer par la ligne du chemin de fer ; cette attaque, qui était pour les Prussiens le but réel de la journée, a été repoussée avec beaucoup de vigueur par les troupes aux ordres du général Tripart disposées le long du ravin de Tavers, soutenues par la 1re division (Bourdillon) du 16e corps et la 1re division (de Roquebrune) du 17e corps, sous les ordres de l'amiral commandant l'aile droite.

« L'amiral prendra ses dispositions pour tenir sur toutes les positions depuis Tavers par le ravin de ce nom jusqu'à Toupenay, avec les troupes du général Tripart et la 1re division du 16e corps, ayant en outre, s'il l'appelle à lui, une brigade de la 1re division du 17e corps ou la division tout entière. »

Le 41e régiment de marche a reçu du général en chef l'ordre de reprendre Origny ; cet ordre est exécuté par le 70e mobiles avant le jour.

Une compagnie se trouve à 100 mètres d'une batterie prussienne qu'elle va enlever lorsque le général Paris lui donne l'ordre formel de se replier ; la batterie couvre d'obus cette compagnie pendant son mouvement de retraite.

A 6 heures, le régiment reprend son cantonnement de la veille. (Historique.)

Le 10 décembre au matin, le 43e régiment de ligne réoccupe les positions qu'il a quittées la veille pour camper. Ce régiment est formé par bataillon en colonne de division à demi-distance ; le 3e bataillon en réserve.

La canonnade commence à 8 heures. A 10 h. 1/2, supension ; à midi, la lutte reprend mollement, les tirailleurs sont engagés.

Une compagnie s'empare d'une ambulance ennemie.

Vers 1 heure, le feu est plus serré, notre ligne est renforcée.

A 2 heures, quelques obus tombent sur les bataillons.

Le combat finit à la nuit et le régiment campe sur le même emplacement que la veille.

12 hommes tués, 34 blessés, 50 disparus, tués, blessés ou prisonniers. (Historique.)

Les 2e et 3e division du 17e corps bivouaquèrent de Prenay à Origny par le Plessis et Ourcelles, ayant leurs avant-postes mêlés à ceux des Prussiens à hauteur de Villejouan.

La 1re division du 17e corps n'était pas restée inactive ; elle s'était portée en avant et maintenue constamment à hauteur des deux autres.

Vers 4 heures, l'ennemi engagea une violente canonnade dirigée principalement sur le château de Serqueu.

Notre artillerie répondit avec avantage et sans perdre de terrain. (CHANSY)

Pendant qu'il était à Mer, souffrant de sa chute, le général Camô avait fait faire, dans les nuits des 9 et 10 décembre, de nombreuses reconnaissances, le long du fleuve, de Mer à Blois par Suèvres, Cours-sur-Loire, le château de Mesnars, Saint-Denis et la Chaussée.

Le résultat positif de ces reconnaissances, exécutées avec beaucoup d'intelligence par les officiers qui en furent chargés, écrit-il dans sa brochure, fut que l'ennemi marchait rapidement vers Blois et cherchait à nous envelopper ; et il ajoute : Je transmis ces renseignements au général en chef.

La retraite était donc imminente, elle s'imposait. L'ennemi avait en effet gagné Blois sans trouver un obstacle sérieux dans la division Morandy qui s'était débandée, dans le parc de Chambord, aux premiers coups de canon ; il menaçait de remonter la vallée du Loir et de couper la route du Mans à l'armée.

Mais cette retraite offrait une foule de dangers avec de jeunes soldats éprouvés par les combats des jours précédents, mécontents d'une reculade qu'ils ne comprenaient pas et qui égalaient certes, en courage, leurs adversaires, mais n'en possédaient ni les qualités manœuvrières, ni, il faut bien le dire, la discipline.

Cette retraite, on le conçoit aisément, devait être préparée avec un soin minutieux et conduite surtout avec une grande énergie.

Le général Chansy fut à la hauteur de sa tâche.

Il pressentait, sans doute, les projets du prince rouge, car il avait écrit dans ce sens, de Josnes à Bourbaki.

Il lui télégraphia le 11 decembre :

« Nous nous battons depuis onze jours et nous tenons ici depuis le 6 contre le gros des forces ennemies. Les Prussiens menacent Blois et Tours et cherchent à tomber sur le flanc de l'armée.

« Faites une diversion. »

Le général Bourbaki répondit qu'il ne pouvait rien.

Il fallait cependant à tout prix gagner Vendôme. Chansy s'y décide et traduit ainsi dans son livre ses appréhensions :

La journée qui se préparait pouvait être la plus difficile de toutes celles que l'armée avait eues à traverser jusque-là, si l'ennemi était audacieux. Nous avions en effet abandonné la Loire à laquelle s'appuyait notre aile droite et l'armée allait avoir à se retirer à travers une plaine où aucun de ses mouvements ne pouvait être dissimulé et où elle ne devait rencontrer aucune position réellement avantageuse pour s'arrêter et se défendre si elle était attaquée.

Le 11 décembre, la retraite de l'armée pivotant à gauche, commença à 10 heures du matin.

Vers 3 heures, les troupes étaient établies en bivouac sur les positions assignées.

Le régiment quitta Mer à 8 heures pour Lussay, suivi de près par les Allemands entre les mains desquels tombèrent l'officier et quelques hommes de distribution du bataillon qui n'avaient pas quitté assez à temps la gare des marchandises.

Il s'installa sur la route de Lussay à Séris et fit la soupe.

A 2 heures, arriva la division de Roquebrune qui se trouvait sous les armes depuis 10 heures du matin et avait marché déployée sur Séris.

Le 43e de marche prit position entre ce village et Lussay, deux bataillons sur la route qui relie ces deux villages, lé 3e bataillon en arrière ; le

11e bataillon de chasseurs à sa droite, ce dernier à côté du 72e mobiles.

Des grand-gardes furent placées et les hommes s'apprêtèrent à manger la soupe.

A 4 heures, une colonne allemande d'infanterie et d'artillerie s'empara de la ferme de Mortais, près de Séris, et du poste qui l'occupait.

Le 11e bataillon envoyé à la hâte essaya en vain de reprendre et la ferme et le poste.

La fusillade continua jusqu'à 7 heures.

Il était de toute nécessité de déloger l'ennemi de ce point qui dominait une partie de nos positions.

Il fallait en outre retarder sa marche.

Le général de Roquebrune reçut l'ordre de réoccuper Mortais avant le jour et cet ordre fut exécuté d'autant plus facilement que l'ennemi, se rappelant Origny, évita cette nouvelle attaque de nuit et se retira.

1 tué, 10 blessés, 30 disparus tués, blessés ou prisonniers.

On campa sur la position.

Informé de notre arrivée à Blois et ne comptant plus sur une diversion utile de Bourbaki, Chansy se décidait, le 11 décembre au soir, à effectuer sa retraite sur Vendôme.

Ainsi se terminait la bataille, consigne dans son rapport le prince Frédéric-Charles.

Eh bien ! oui, la bataille se terminait ainsi et non autrement, par suite de l'inaction de Bourbaki.

La subdivision d'armée du grand-duc de Mecklembourg avait perdu plus de 3.600 hommes.

L'armée du grand duc, disaient les feuilles allemandes, est victorieuse, mais ses pertes sont énormes ; sept journées pareilles, il n'en restera rien.

Personne ne peut comprendre que les Français aient pu entreprendre une nouvelle campagne de trois jours dont l'issue n'est pas complètement à leur désavantage.

Le prince Frédéric-Charles aurait dû envoyer plus tôt des renforts.

Nos ennemis reconnaissaient encore que, pendant la bataille de Beaugency, leurs troupes s'étaient repliées plusieurs fois.

Enfin le correspondant anglais qui suivait les opérations en qualité d'attaché au quartier général prussien, traduisait de la façon suivante ses impressions :

« Les combats des quatre derniers jours ont probablement encouragé les Français ; ils ont maintenant combattu huit jours sur dix et des troupes de nouvelle formation qui peuvent accomplir cela contre des vétérans et ne pas être défaites le dixième jour ont tout droit d'espérer que la chance tournera en leur faveur.

« Les Allemands, de leur côté, commencent à être stupéfaits de cette persistance extraordinaire ; accoutumés à des succès étonnants, c'est une expérience nouvelle pour eux d'être tenus en échec quatre jours consécutifs par cette armée de la Loire si méprisée et d'être obligés d'appeler des renforts. »

Un autre correspondant anglais se trouvait à Beaugency le 8 et le 9. Il lia conversation avec un officier allemand et ce dernier lui dit qu'il avait perdu en sept jours 90 des 160 hommes de sa compagnie ; que l'armée de la Loire s'était mieux battue qu'aucune des armées qu'il avait encore vues et cependant il venait de Metz.

Ah ! si l'armée de Metz renvoyant à temps les bouches inutiles avait tenu un mois de plus.

Ah ! si Bourbaki, se rendant compte du peu de consistance des forces qu'on lui opposait (il n'y avait pas une division devant lui), était enfin sorti de son inaction. Mais il n'osait agir, il avait peur de perdre la bataille. Quel amour-propre, quand le sort du pays est en jeu ?

Les Allemands étaient affolés après les combats de Beaugency, c'est bien certain ; ils concentraient avec une hâte fiévreuse toutes leurs forces sur Orléans et leurs journaux manifestaient des craintes que la nation germanique elle-même ne trouvait point exagérées.

Le 12, la retraite fut reprise à 8 heures et se poursuivit péniblement dans la boue, car le dégel était arrivé. On parvint au prix d'énormes fatigues sur le plateau de Boisseau, rive droite de la Cisse.

Pendant cette marche à travers champs, en colonne de division, dans cette boue qui nous venait à la cheville, au milieu de ces sillons invisibles qui nous faisaient buter à chaque pas, nous subîmes les tortures de la faim et de la soif.

A la fin du jour, n'y tenant plus, le capitaine Basset et moi, nous mangeâmes du lard cru.

Le régiment campa à Pontijoux.

L'ennemi était là, nous talonnant.

Le 13, on se remit en marche sur un terrain encore plus détrempé. Le temps était très mauvais. Une pluie fine d'abord qui devint torrentielle à la fin de la journée et tombait depuis le matin avait fait fondre la neige et accentué le dégel, mettant le comble à toutes les privations et les souffrances que nous endurions depuis le 7 décembre ; néanmoins la marche s'effectua avec assez de régularité.

Le 17e corps fut seul inquiété à la hauteur de Oucques ; il y eut un engagement d'arrière-garde, mais les troupes firent bonne contenance.

Nous nous trouvions en soutien des chasseurs de notre division formant l'extrême arrière-garde et échangeant à chaque instant des coups de feu avec un ennemi fort entreprenant.

La pluie glaçait les hommes et il y avait sept jours que ceux-ci passaient la journée à combattre, ne prenant de nourriture que très tard dans la soirée, souffrant du froid le jour et surtout la nuit, car ils ne pouvaient ni dresser les tentes ni faire du feu à cause de la proximité de l'ennemi, privés souvent de sommeil et soumis sans détente, aux rudes émotions du combat.

La marche était horriblement fatigante, il fallait

des efforts surhumains pour se dégager du sol.

Vers 5 heures, à la hauteur de Villetrun, la pluie tomba à torrent; les colonnes s'égrenèrent petit à petit et le capitaine Basset, à côté duquel nous nous trouvions, Langlade et moi, fit son entrée dans Vendôme avec une compagnie de 20 hommes tout au plus.

A 8 heures du soir, la division avait traversé le Loir et s'était établie sur les hauteurs de la rive droite, à Bel-Air. Il n'arriva qu'un très petit nombre d'hommes au bivouac. Quantité de soldats, harassés, épuisés, étaient restés en arrière, cherchant dans les fermes ou les villages un abri pour se reposer et des aliments pour apaiser leur faim. Ils rentrèrent pour la plupart le lendemain, quelques-uns s'étant laissés surprendre par les uhlans. C'est là que le capitaine Basset, fort perplexe, retrouva, le 14 au matin, sa compagnie tout entière.

Un rideau de troupes avait été disposé de Sainte-Anne à Bel-Essort et Villetrun pour arrêter la marche des Allemands. Ce sont ces troupes, au nombre desquelles se trouva seul de notre division le 41e de marche, qui soutinrent, le 15 décembre, le choc de l'armée ennemie.

En résumé, cette retraite de Josnes sur Vendôme, dans les conditions de mauvais temps, de fatigue et de danger dans lesquelles elle s'était effectuée, faisait le plus grand honneur aux troupes. Elle avait assez imposé à l'ennemi pour qu'il n'eût pas osé les inquiéter et profiter des chances qu'il avait de détruire cette armée s'il avait su les mettre à profit. (CHANSY)

VENDOME

15 et 16 décembre

Le 14 décembre, à 11 heures, tout était rentré dans l'ordre et la division de Roquebrune, adossée à la forêt de Vendôme, occupait de Bel-Air à Poirier, les collines qui dominent la vallée du Loir.

Le régiment campait près du château de Bel-Air où s'était installé l'état major de la 1re division sous la garde spéciale du 11e bataillon de chasseurs, le quartier général se trouvant à Poirier.

De l'autre côté du Loir, le bois de Meslay garnissait les pentes qui étaient en face de nous.

La vallée du Loir est sinueuse comme la rivière qui lui donne son nom ; elle s'élargit aux environs de Vendôme avant de se diriger vers le sud.

Le village de la Tuilerie s'élève à flanc de coteau en face de la ville, cette dernière s'étageant elle-même sur des collines dominées par des ruines imposantes.

Immédiatement au-dessus de la Tuilerie s'étend la forêt de Vendôme que traverse la route d'Epuisay, tout près de Bel-Air.

La Tuilerie en est éloignée d'environ 400 mètres et ce village assez important communique avec la ville par un chemin creux, difficile et montueux en certains endroits.

Un autre chemin creux descend, à gauche de la route, directement dans la vallée où il se perd. C'est un mauvais chemin d'exploitation.

Le Loir, sur tout son parcours, est bordé de grandes et belles prairies environnées de peupliers et d'arbres de belle venue qui donnent au pays un air de richesse qui flatte l'œil.

Nos convois, engagés sur toutes les voies menant plus ou moins directement au Mans, étaient à notre portée ; le régiment en profita pour se faire distribuer largement ce dont il manquait.

La nuit se passa sans alerte ; la pluie avait cessé et le froid était moins vif.

Au matin, les hommes prennent le café, font la soupe et le régiment se met sous les armes à 11 heures ; il fait son appel.

La fusillade éclate peu après, au delà de Vendôme, dans la direction de Bel Essort et de Sainte-Anne ; la canonnade devient bientôt violente et nous apercevons ces bulles arrondies que produit l'éclatement brusque soit du canon soit de l'obus et qui, très apparentes dans la fumée couvrant le champ de bataille, s'élèvent lentement et très haut dans le ciel où elles se perdent.

Pendant dix jours consécutifs nous avions eu ce spectacle sous les yeux ; les loisirs de la retraite nous en avaient sevré, vraiment cela nous manquait.

Suivant les prescriptions du général en chef,

les troupes engagées tiennent un moment et battent en retraite, sans désordre apparent.

La nuit se passe sans émoi, ainsi que la matinée du lendemain 16.

A 2 heures, un fort détachement de Prussiens sort du bois de Meslay et se reforme dans les prairies qui l'avoisinent dans sa partie basse.

Notre batterie de droite lui lance quelques obus qui éclatent au-dessus de la tête des hommes et les mettent en désarroi tout en leur infligeant des pertes sérieuses.

Cela nous vaut une riposte de l'artillerie ennemie qui occupe les hauteurs en face. Les obus qu'elle nous envoie avec beaucoup de précision s'enfoncent fort heureusement dans la terre détrempée, n'éclatent pas pour la plupart, mais nous couvrent de boue.

Les prairies qui bordent le Loir de ce côté sont bientôt sillonnées de uhlans qui explorent au galop le terrain ; ils sont salués par les coups de feu de nos tirailleurs déployés sur la rive droite du Loir qui les en sépare.

Vers 2 h. 1/2, des artilleurs accourent essoufflés, conduisant des chevaux qu'ils ont piqués avec leur sabre; ils annoncent que notre batterie de 12, qui s'était si bien comportée sur le plateau de Loynes, est restée au bas des pentes, sans soutien, qu'elle s'est engagée dans un chemin creux où elle s'est embourbée et qu'elle vient d'être prise par les Prussiens. Des soldats du génie, des chasseurs à pied, disent-ils, n'ont pu la reprendre.

La compagnie du capitaine Basset est immédiatement désignée ; le capitaine a été appelé ailleurs pour raison de service. Je porte la compagnie au pas gymnastique dans la direction qui m'est indiquée ; nous sommes sur la route au haut des pentes ; c'est là, me dit un artilleur, en montrant du doigt le village de la Tuilerie.

La compagnie s'élance, franchit en quelques minutes, malgré la terre détrempée, la distance qui nous sépare du village et occupe ce dernier.

Mais pas l'ombre de batterie.

J'envoie de tous côtés des éclaireurs qui reviennent n'ayant rien vu ni rien appris.

L'artilleur s'était, paraît-il, trompé de côté. La batterie en question se trouvait dans l'autre chemin creux.

Du point où nous étions, on apercevait dans la vallée, presque aux portes de la ville, un fouillis de voitures, de cavaliers, de piétons ; une troupe prussienne se formait non loin de la gare où s'installait une batterie d'artillerie.

Derrière nous, à la lisière de la forêt, une ligne de chasseurs formait notre soutien.

Je fis exécuter quelques feux de salve sur la gare qui n'était pas à plus de 1.200 mètres, puis ouvrir des feux à volonté ; nos hommes avaient trouvé un excellent abri derrière des murs de jardin.

Peu après l'ennemi quitta la place.

Un bon vieillard, dont la belle et énergique tête était ornée d'une barbe et de cheveux d'une blancheur éblouissante, allait de l'un à l'autre, un broc plein d'un vin pétillant à chaque main et encourageant les soldats, leur versait des rasades.

Quel excellent patriote, tout disposé à faire le coup de feu ?

Les chasseurs nous prévinrent qu'ils avaient reçu l'ordre de se retirer et la compagnie se replia.

Elle arriva assez tôt pour prendre sa place dans le régiment qui se mettait en marche.

M. Neilz, journaliste vendômois, nous a vus, paraît-il, dévaler les pentes ; il a fait de tout cela une relation inexacte, en ce sens que ce n'est pas un bataillon de chasseurs qui est arrivé au dernier moment, ne sachant où se trouvait la batterie compromise, mais bien nous, mobiles du 72e, auxquels on avait donné une fausse direction.

A qui la faute ?

Après tout l'erreur était possible et j'excuse bien le journaliste vendômois.

Cette aventure avait failli nous coûter cher car pour gagner la Tuilerie nous étions complètement à découvert, exposés aux coups d'un ennemi qui pouvait brusquement et à nos dépens déceler sa présence. Mais le hasard nous avait servis.

Voici le fait raconté par Chansy :

« Le 11e bataillon de chasseurs est appelé dès neuf heures du matin pour prendre position au château de la Tuilerie (des Tuileries ou de Bel-Air) où se trouvait l'état-major de la 1re division.

« Vers une heure de l'après-midi, une fusillade

très vive éclata au bas du coteau de la Tuilerie, en face du cimetière de Vendôme.

« Le bataillon prend aussitôt les armes et marche au feu.

« Il se trouve en présence de nombreux tirailleurs prussiens (mousquetaires de Brunswick) qui luttaient avec la 1re section de la 3e compagnie *bis* du génie commandée par le capitaine Joly ; cette section battait en retraite devant un ennemi très supérieur en nombre.

« Après une heure de lutte, où le commandant Fouineau a refoulé les ennemis jusque dans le cimetière, le bataillon se replie, rappelé par un ordre du général de division.

« Il a perdu 1 officier blessé grièvement, 7 hommes tués, 40 blessés. »

M. Neilz, dans son *Journal d'un Vendômois*, montre l'intervention de nos soldats du génie et des chasseurs à pied (11e bataillon), au moment où les artilleurs s'enfuient de tous les côtés, laissant leurs pièces aux mains de l'ennemi.

« Ils se précipitent, dit-il, la baïonnette au bout du fusil, sur le régiment hanovrien qui vient d'entrer en ligne », et il ajoute :

« En même temps, débouche du bois de Bel-Air un bataillon de chasseurs qui ignorait complètement le sort de la batterie de la Tuilerie et l'endroit où cette dernière se trouvait. »

Ce n'était pas un bataillon de chasseurs, c'était une compagnie du 72e régiment de mobiles.

Tout est maintenant bien expliqué, sans confusion possible.

La retraite sur le Mans s'effectua avec beaucoup de difficultés, mais dans d'excellentes conditions ; l'ennemi ne voulut ou ne put nous suivre dans cet inextricable fouillis de bois, de haies, de chemins dissimulant admirablement les mouvements de l'armée.

Dans les environs du Mans, le régiment campa dans le parc du prince de X..., et ce fut chose hilarante que de voir nos hommes courir après les lapins, les écureuils, les lièvres et s'en emparer.

Quelle bonne gibelotte nous mangeâmes ce jour-là !

Le temps, depuis le 14, s'était remis au beau, nos étapes devenaient de simples promenades et ce fut dans ces conditions que nous arrivâmes à la Milesse, village situé à 8 kilomètres du Mans, sur la route de Laval.

C'est là, suivant le dire du capitaine Gibert, que nous la coulâmes douce pendant quelque temps.

Ainsi Chansy en était arrivé à ses fins. Il avait battu en retraite sans que son armée fût entamée.

La retraite d'Orléans au Mans et au-delà a été comparée aux plus belles opérations dont les annales militaires aient jamais fait mention.

L'indomptable Chansy mit 60 jours à faire 40 lieues. On songe en lisant cette histoire aux célèbres campagnes de Turenne. (F. SARCEY. — *Petit XIXe Siècle*).

Nos pertes, depuis le 6 décembre étaient importantes ; elles se montaient à plus de 4.500 hommes tués ou blessés, c'est-à-dire un peu plus que celles accusées par les ennemis, soit 4.250 hommes tués ou blessés et 200 officiers au moins.

Le général Defflandre, blessé le 8 décembre, était mort de ses blessures et avait été remplacé dans le commandement de la 3e division par le général Jouffroy d'Abbans.

Combat de Vendôme

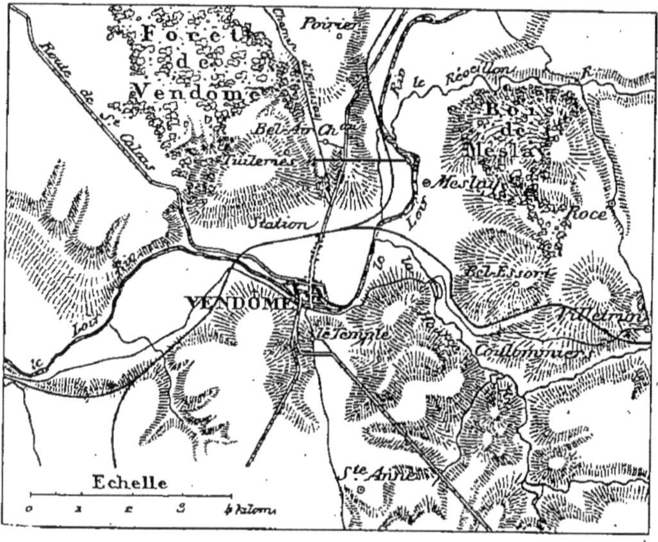

LE MANS

10, 11 et 12 janvier

Le régiment est à la Milesse depuis une quinzaine environ. Les soldats, hâves et déguenillés à leur arrivée, ont déjà oublié leurs fatigues. Cantonnés pour la plupart, ils campent en petit nombre, faute de place, dans les fossés de la route ou dans les champs avoisinants ; mais les tentes regorgent de paille, ils ne sont pas à plaindre.

Le 8 janvier, ils touchent l'habillement : képi, capote et pantalon ; on leur donne des chaussures. Ils ont, dès lors, fort bonne mine, ne paraissent plus les mêmes et manifestent par des chansons, par des rires, leur joie d'être proprement vêtus.

Le 9 janvier, distribution de quarante cartouches par homme et le 10 janvier, de grand matin, ordre de départ.

Le froid étant excessif, les hommes éprouvèrent de grandes difficultés à plier leur toile de tente tant il les avait raidies; les rcutes, pleines de verglas, affreusement glissantes, rendaient la marche pénible, difficile même.

Depuis le 25 décembre, le régiment se trouvait sous les ordres du lieutenant-colonel Cournier, du 3e bataillon, et les compagnies étaient réduites à 100 hommes en moyenne, par suite de maladie : fièvre typhoïde, variole, etc.

10 et 11 janvier

Nous partons, la gauche en tête, précédés du 43e de marche et nous attendons à Pontlieue, c'est-à-dire à 10 kilomètres de la Milesse, un long défilé de troupes se dirigeant soit sur notre droite soit sur notre gauche ; c'est, en effet, à Pontlieue que viennent se réunir plusieurs routes importantes, notamment les routes de Mulsanne, du Ruaudin, de Parigné-l'Evêque et de Changé.

Le Mans est plein d'agitation, plein de mouvement.

Enfin la colonne peut s'avancer sur la route de Parigné ; elle oblique, à gauche, dans le Chemin aux Bœufs.

Le Chemin aux Bœufs, à son point d'intersection avec la route de Parigné, est à quatre kilomètres environ de Pontlieue et à six kilomètres du Mans.

Le 43e de marche prend position à la jonction du chemin de Changé, tout le long de la route aux bœufs, le 72e mobiles à la suite, sa droite formée par le 1er bataillon s'appuie à la route de Parigné.

Sur cette route avaient déjà pris position, derrière des épaulements, nos mitrailleuses et notre artillerie.

Nous faisons face à Changé et à Parigné.

Le 43e de marche se porte, peu après, sur le tertre, plateau qui se trouve devant lui dans la direction de Changé.

Il y bivouaqua la nuit suivante.

Le tertre fut également occupé vers minuit par le 33e mobiles de la brigade Reibell. Chaque bataillon de notre régiment se fait couvrir à 1.200 mètres environ par une ligne de tirailleurs.

La 1re et la 2e compagnie du 2e bataillon se déploient en tirailleurs avec les soutiens réglementaires.

Nos hommes sont embusqués dans les fossés profonds qui, dans cette région, sillonnent la campagne et séparent les propriétés, courant les uns parallèlement, les autres perpendiculairement à la lisière du bois de sapins que nous occupons.

Les fossés qui se trouvent en avant de nous, dans la direction de Parigné, sont le plus souvent garnis d'arbres et de haies cachant en certains endroits ou gênant la vue au loin.

Nos soutiens s'étagent dans les pentes boisées dominant et couvrant de leurs feux tous les terrains qui leur font face, y compris ceux traversés en biais par la route de Parigné.

Il est deux heures.

A ce moment, les mitrailleuses de la route de Parigné crachent leurs projectiles sur des masses ennemies qui débouchent au loin, mais que nous ne pouvons apercevoir.

Le canon ennemi, établi aux châteaux de la

Paillerie et de Chef-Raison, tonne peu après, nous couvrant d'obus.

Nos pièces Reffye répondent coup pour coup avec succès, car l'adversaire, il est facile de s'en rendre compte, déplace ses batteries, les reporte en arrière et ses coups deviennent courts.

Les pièces Reffye se chargeaient par la culasse. C'était le nouveau système, et dans cet engagement qui était pour elles le premier, elles eurent une grande supériorité sur les pièces ennemies.

Dès le début de l'action, deux éclats d'obus étaient venus frapper l'arbre à côté duquel j'échangeais quelques mots avec Francis Charmes, capitaine au 1er bataillon, dont la compagnie se trouvait placée à la droite de la mienne. Ramassant ces éclats, j'en offris un à Charmes ; je ne sais s'il a gardé ce souvenir du 10 janvier, mais je possède encore le mien.

Ce combat d'artillerie se prolongea jusqu'à la nuit et la 2e compagnie, laissant la 1re de grand-garde, rejoignit, ainsi qu'elle en avait reçu l'ordre, son bataillon.

C'était la bataille pour le lendemain.

Déjà, à gauche, en avant de Changé, il y avait eu contact et une vive fusillade éclatait vers 4 heures, qui ne cessa qu'à la nuit.

Le 70e mobiles, engagé très sérieusement ce jour-là, fut fort éprouvé.

Vers cinq heures, nous entendîmes battre la charge et les cris : en avant ! à la baïonnette !

arrivèrent distinctement jusqu'à nous ; c'était le corps à corps.

Le Chemin aux Bœufs, dont on a tant parlé à propos de la bataille du Mans, est un large chemin d'exploitation, mal entretenu, qui part de la Tuilerie ou mieux du Tertre rouge à 8 kilomètres de la route de Parigné, traverse en ligne droite, à peu près par le milieu dans toute sa longueur, un plateau boisé de sapins de haute futaie et s'infléchit légèrement vers le nord, à la hauteur de la route de Changé, non loin à gauche du tertre de ce nom, pour aboutir aux Arches près de la rivière de l'Huisne.

La route de Changé est à 2 kilomètres de celle de Parigné et à même distance, à vol d'oiseau, de l'Huisne dont elle est séparée par la vallée de ce nom.

Ce plateau, d'environ 600 mètres de largeur, a des pentes également boisées soit du côté d'Arnage et de Pontlieu, c'est-à-dire du Mans, soit du côté de Mulsanne, Ruaudin, Parigné, Changé, et la vallée de l'Huisne.

Près de la Tuilerie, à cheval sur le Chemin aux Bœufs, se dresse, au-dessus des terrains qui l'entourent, un mamelon qu'on appelle Tertre rouge, à cause du sable rouge dont presque toute sa surface est couverte. Ce mamelon prend d'enfilade le Chemin aux Bœufs ainsi que la route de Mulsanne et commande au loin Pontlieu et le Mans.

Cette position était naturellement importante,

aussi le génie y avait-il fait des épaulements en terre et de nombreux travaux de défense.

A l'opposé du Chemin aux Bœufs, vers l'Huisne, à 10 kilomètres de là, presque en face de Changé et à environ un kilomètre de ce village, se trouve un mamelon boisé qui est à tort désigné sur les cartes Tertre rouge et qui doit s'appeler plus justement Tertre de Changé.

C'est sous ce nom que je le désignerai au cours de mon récit.

Voici la description que j'en trouve dans l'historique du 43e de marche :

Le Tertre est un plateau formant le sommet d'un mamelon allongé dont l'axe est presque perpendiculaire à la route aux bœufs et les pentes se dirigent sur Changé ; le plateau et les versants sont sillonnés, de distance en distance, par des haies et des fossés perpendiculaires à l'axe du terrain.

De gros châtaigniers poussent çà et là.

Au Sud, au Nord et à l'Ouest, ce plateau est bordé par des sapinières de haute futaie.

Un chemin creux suivant l'axe du terrain partant de la route aux bœufs et menant à Changé est bordé de quelques maisons dont les ouvertures donnent sur le chemin, circonstance qui fut favorable aux Prussiens attaquant le chemin creux et venant du Nord comme du Sud.

Le Tertre est à 800 mètres en avant du Chemin aux Bœufs et s'allonge vers Changé parallèlement à la route de ce village au Mans dont il est peu éloigné et qu'il domine ; il fait suite au plateau, sans ressaut de terrain, et les pentes vers Changé sont brusques ; il ne domine pas le Chemin aux Bœufs comme le Tertre rouge qui, je le répète, est à l'autre extrémité du plateau, dans la direction d'Arnage, à 10 kilomètres de là.

Au bas de ses pentes, au Sud; est située la ferme du Tertre.

A partir de la lisière du bois de sapins, le terrain est entrecoupé de haies et de fossés profonds favorables à la défense, mais également propices à l'attaque qu'ils peuvent dissimuler voire même abriter.

Entre les routes de Parigné et de Changé, la partie Est du plateau est boisée, par place, de sapins de haute futaie ; elle présente un large découvert d'environ 300 mètres, entièrement balayé pour ceux qui seraient tentés d'y accéder du côté des pentes qui le terminent, par les feux rasants de tirailleurs postés dans les fossés du Chemin aux Bœufs.

La nuit du 10 au 11 fut pénible. La neige tombait à gros flocons.

Malgré la proximité de l'ennemi, on avait allumé de grands feux qui vous grillaient devant alors que l'on gelait derrière et nous ne pouvions éviter d'être trempés jusqu'aux os par suite de la fonte subite de la neige autour des feux près desquels nous étions forcément assis ou couchés.

Avec cela, pas de distribution, pas de vivres, il

fallait bien se contenter du peu que l'on avait emporté.

Au jour, je me trouvai dans un gourbi (c'est un abri recouvert de genêts ainsi baptisé sans doute par quelque Algérien) avec Josson de Bilhelm, que nous félicitâmes de sa nomination au commandement du 3e bataillon, Basset, mon capitaine, que je regrettais de n'avoir pas auprès de moi au moment du danger et qui avait pris le commandement du 2e bataillon en l'absence du commandant Gaillard malade, disait-on, enfin Estieu qui venait d'être promu capitaine de la 7e compagnie et en était tout joyeux.

A la fin de la journée, Josson de Bilhelm et Estieu étaient tués raides, Basset recevait trois blessures dont il mourait peu après.

Nos adieux surtout avec Basset furent tristes. Se reverrait-on ?

Basset pensait à sa femme, à son jeune enfant (1); il les avait laissés au pays alors qu'il aurait pu ne pas les quitter et vivre heureux auprès d'eux ; mais la voix du devoir lui avait impérieusement commandé de voler au secours de la patrie, de verser son sang pour elle et de lui offrir généreusement sa vie ; il avait les yeux pleins de larmes quand il en parlait et il en parlait sans cesse.

A 10 heures du matin, la 2e compagnie rejoignit à l'endroit même où elle l'avait quitté la veille, la

(1) Le fils du capitaine Basset est capitaine d'infanterie breveté. Officier des plus distingués et d'avenir, il sort de Saint-Cyr.

1re compagnie qu'elle devait relever de sa grand-garde.

Le général de Roquebrune, accompagné du colonel Faussemagne, passait devant le front du bataillon au moment précis où ma compagnie le quittait.

Il me recommanda de ne point me replier sans ordre et de tenir jusqu'au dernier moment (*sic*).

Le capitaine Vignal s'était établi dans une ligne de fossés parallèles à la lisière des sapins, à environ 200 mètres en avant.

Ces fossés commandaient un terrain découvert s'étendant au loin à plus de 300 mètres, et sur le côté, par un retrait, la route de Parigné.

A notre gauche, deux compagnies du 3e bataillon ; à notre droite, des compagnies du 1er bataillon.

C'était au surplus le même ordre de bataille que la veille.

A midi, la fusillade commence crépitante, ponctuée par les coups de canon et dominée soit par le déchirement des mitrailleuses, soit par l'éclatement des feux de salve. Elle s'étend rapidement et devient bientôt générale.

A 2 heures, nous recevions des balles par côté et derrière ; c'était surprenant. Ces balles étaient hautes, on le devinait à leur sifflement qui imitait assez bien le bourdonnement lointain de l'abeille ; elles faisaient bien moins d'impression que celles tirées par nos adversaires de face. Ces balles, en effet, passaient à côté de nous, en ricochant dans les arbres et leur fla-fla menaçant nous obligeait souvent à les saluer.

Vers 4 heures, les Prussiens tentent d'approcher des Fermes (lieu ainsi dénommé à droite de la route de Parigné).

Ceux qui sont devant nous n'osent évidemment aborder de front nos positions, mais ils se sont peu à peu glissés dans les fossés les plus rapprochés, se gardant bien de déceler leur présence par des coups de feu, laissant au contraire au gros de leurs troupes le soin de nous couvrir de balles, ce dont, du reste, ces dernières s'acquittent très consciencieusement.

Ils se réservent sans doute, et ne s'attendent pas à la surprise désagréable que nous allons leur faire.

Une compagnie de lignards ou mobiles, je ne sais, qui s'était imprudemment avancée sur la droite, se jette, avec un certain désordre, dans nos lignes au moment précis où celles-ci prononcent un mouvement en avant.

Cette compagnie s'était repliée avec une telle hâte que l'on crut à un lâchage complet et qu'on la reçut fort mal.

L'historique du 74e mobiles rapporte qu'elle se retirait, n'ayant plus de cartouches.

Le 41e, le 40e de marche, le 74e mobiles occupaient la droite de la route de Parigné, en arrière des Fermes. Répondant à l'attaque des Prussiens, ils s'avancent, en masse, les culbutant jusqu'au château de la Paillerie, à plus de 1.200 mètres de là et faisant des prisonniers.

De notre côté, le commandant Bouscarel dont le calme et le sang-froid furent absolument remarquables en cette circonstance, lance son bataillon en avant et ma compagnie suit le mouvement. Seule la compagnie du capitaine Vignal reste en place.

Les Prussiens qui s'étaient glissés dans les fossés sont débusqués et tombent sous nos balles ; un certain nombre ne peut détaler assez vite, les soldats pleins d'entrain et dont les nerfs ont été agacés par le sifflement des projectiles, se jettent sur eux à la baïonnette, sans faire de quartier.

Un groupe nombreux d'ennemis commandé par un porte-épée (j'ignore le mot allemand) s'était réfugié dans la cour d'une ferme située sur le chemin du château de Serquoit ; ils levaient la crosse en l'air, tendaient vers nous des mains suppliantes, imploraient notre pitié, voulaient se rendre enfin. Mais à côté, d'autres Prussiens nous tiraient dessus. Tous furent atteints avant que j'aie pu m'y opposer et tombèrent.

A la nuit cette marche en avant cessa et le commandant Bouscarel regagna le Chemin aux Bœufs avec son bataillon ; le capitaine Vignal le suivit et je restai avec 60 hommes pour prendre ma grand-garde.

Un tiers de la compagnie avait accompagné le

sous-lieutenant Langlade que j'envoyai prendre des ordres et des nouvellles.

J'avoue que j'étais fort embarrassé dans ces bois de sapins, noirs et lugubres, que je ne connaissais pas, isolé, à 1.200 mètres du bataillon, avec un effectif réduit. Je me fis précéder d'éclaireurs et je pris, aussi bien que l'obscurité me le permit, connaissance du terrain.

Après quelques tâtonnements, nous retrouvâmes le bivouac que la 1re compagnie avait occupé la nuit précédente ; il me parut présenter plus d'avantages que tout autre. En avant du fossé profond qui nous servait d'abri se trouvait un large découvert ; pas de surprise possible de ce côté, c'était bien quelque chose. Les bois assuraient la retraite en cas de besoin.

Ma gauche était bien un peu en l'air par suite du léger retrait de la grand-garde du 3e bataillon, mais celle-ci avait jeté un poste très important au château de Serquoit et j'étais moins en danger. Ce poste fut, il est vrai, enlevé à 11 heures du soir et je me gardai de ce côté par un petit détachement.

A ma droite s'était installée une compagnie du 39e de marche, venue là je ne sais comment, car son régiment devait se trouver près de la route de Ruaudin ; au surplus, elle déguerpit vers 10 heures du soir.

Quant aux sentinelles perdues jetées en avant pour prévenir toute surprise, elles ne purent tenir ; couchées sur la neige, elles seraient devenues glaçons, tout mouvement leur attirant une grêle de balles. Nous avions contact immédiat et la sentinelle de gauche, mieux abritée que les autres, aurait pu, à travers la haie, faire la conversation avec la sentinelle prussienne.

La nuit se passa en alertes perpétuelles : coups de feu à droite, coups de feu à gauche, coups de feu en face, clameurs.

Nous entendions, en outre, les cris lamentables des blessés qui étaient tombés dans les cours de la ferme dont j'ai plus haut parlé ; nous ne pouvions les secourir et au surplus les Prussiens étaient plus rapprochés d'eux que nous.

A trois heures du matin, une ambulance dont la trompe résonnait lugubrement dans les bois, les emporta.

Peu après, quatre de nos hommes rampèrent jusqu'à la ferme pour y prendre quelques provisions ; ils rapportèrent une bouteille de vin qu'ils m'offrirent, mais que je leur laissai, et me dirent que la cour de la ferme et ses abords étaient jonchés de cadavres.

Leur retour avait été particulièrement dangereux sous une fusillade nourrie à laquelle du reste nous avions répondu ; mais enfin ils étaient saufs.

Sac au dos, leur fusil avec baïonnette au canon dans leurs mains, nos hommes abritaient tant bien que mal leurs jambes avec des couvertures ; ils reposaient leurs pieds sur de la cendre chaude car j'avais toléré, à cause de la rigueur de la saison, des feux sans flamme ; nous n'avions, du reste, pas à cacher notre première ligne de défense à des ennemis qui redoutaient évidemment ce que renfermaient les profondeurs du bois.

Vers huit heures, Langlade revint; il rapportait de fâcheuses nouvelles : Josson de Bilhem, Estieu tués raides, Basset blessé mortellement, quelques autres officiers dont il ignorait les noms tués ou blessés et enfin les 2e et 3e bataillons très éprouvés. Mais il ajoutait avec emportement : « Nous sommes victorieux sur toute la ligne. »

La croyance au succès était d'autant plus explicable que malgré les attaques violentes et répétées de la journée, nous couchions sur les positions de la veille.

Nos pertes étaient peu importantes par suite des abris naturels que nous avait fournis le terrain ; les hommes bien en main, soumis, dociles, attentifs, avaient reçu sans émotion la fusillade et la canonnade ennemies ; ils avaient gardé leur sang-froid, ne gaspillant point leurs cartouches, et marché en avant avec élan et beaucoup d'ordre.

Pendant que toutes les grand-gardes, d'un tertre à l'autre, étaient aux prises avec l'ennemi, que faisaient nos bataillons ?

Et d'abord quel était l'ordre de bataille dans le secteur de l'amiral Jauréguiberry, de l'Huisne à la Tuilerie, sur un front de plus de 12 kilomètres ?

A gauche, à la hauteur des Arches et au début de l'action, la brigade Baille ; en arrière, au château de l'Epau, un bataillon du 74e mobiles. Puis, vers 2 heures, dans la vallée de l'Huisne, à la hauteur du château des Noyers, la brigade Desmaisons. Au dessus de Changé, jusqu'à Grand-Auneau, la division de Jouffroy ; des mobiles et des chasseurs du 16e corps, sur le tertre ; tout le long du Chemin aux Bœufs, à cheval sur la route de Parigné, la division de Roquebrune ; au delà de la route de Ruaudin, la division Deplanque, puis la brigade Le Bouédec, jusqu'au Tertre rouge, et le surplus de la division Curten, en arrière et en réserve dans les bois d'Arnage.

A chaque intersection de routes, des mitrailleuses et de l'artillerie avaient pris position.

Devant nos troupes, appelées à résister aux attaques violentes que les Allemands allaient tenter, dans la journée, d'un bout à l'autre du Chemin aux Bœufs, se trouvaient les IXe et IIIe corps auxquels vint se joindre, le lendemain, le Xe qui se battait, dans cette journée du 11 janvier, contre notre 21e corps.

A une heure et demie, les 2e et 3e bataillons du 43e de marche et à côté d'eux les 2e et 3e bataillon du 72e mobiles reçoivent des balles derrière.

Ces bataillons font face à l'ennemi et se portent rapidement au feu ; ils se placent à 200 mètres du chemin creux, derrière des haies et dans les fossés qui lui sont parallèles.

Les 6e, capitaine Delort, et 7e, capitaine Estieu, du 2e bataillon, et le 3e bataillon du régiment, sous les ordres du commandant Josson de Bilhem, s'appuient à la gauche du 43e de marche.

Les trois autres compagnies de notre bataillon : 3e, capitaine Devillas ; 4e, capitaine Gibert, 5e, capitaine Marty, sont dirigées par le capitaine Basset, faisant fonctions de commandant, vers le 1er bataillon du 43e de marche qui s'est porté avant sur le chemin de Changé et le remplacent à la jonction des routes.

Je cède ici la parole à MM. de Saint-Poncy, Bastid et Froment, sous-lieutenants aux 3e, 6e et 7e compagnies du bataillon, et aux capitaines Gibert et Roze des Ordons.

Récit du capitaine Gibert

Le 11 janvier, dans la soirée, nous reçûmes d'un officier d'état-major l'ordre de nous porter vers la route de Changé ; bientôt les Prussiens nous tirèrent dessus, mais nous ne ripostâmes pas, et c'est une de ces balles perdues qui atteignit au front notre camarade Estieu et qui le tua raide. Peu après, un autre officier d'état-major, ou peut-être le même, nous donna l'ordre de changer de position.

Pendant ce temps, nous étions avec les capitaines Basset et Marty à tirer des plans, tout en entendant siffler les balles au-dessus de nos têtes.

Mais voilà que notre colonel, dont le nom m'échappe, commande de porter le bataillon en avant; aussitôt les mobiles de se mouvoir et de faire feu. Nous continuons notre marche en avant.

A une faible distance de là, nous arrivons à un chemin que nous traversons ; sur la gauche, il y avait une maison d'habitation ; nous escaladons le talus de ce chemin aux cris de : En avant ! et nous entrons dans un bois taillis. Les balles se mettent à pleuvoir comme grêle, secouant sur nos têtes la neige que retenaient les branches des arbres; à chaque instant j'attendais le coup fatal, heureusement que la balle qui devait me tuer n'était pas encore fondue.

La traversée de ce bois avait mis le désordre dans nos rangs.

Enfin, j'arrive tout seul à un nouveau chemin qui me sembla être parallèle au premier et j'aperçois de l'autre côté le capitaine Basset; je le rejoins.

Un certain nombre de mobiles hésite à traverser le chemin sous la grêle des balles ; le capitaine Basset s'avance vers eux, les exhorte et c'est juste à ce moment qu'il reçoit dans les jambes un ou deux coups de feu qui le terrassent; il tombe, essayant en vain de se relever.

Je fais enlever le pauvre capitaine et, par une fatalité inouïe, pendant que les hommes le transportaient, un autre coup de feu lui laboure la colonne vertébrale. Ce fut le coup mortel.

Cinq ou six jours après, notre cher Basset succombait, mais non sans avoir reçu la croix qu'il méritait, la croix des braves.

Après avoir traversé une ligne de l'active, nous nous reformons tant bien que mal et la nuit arrivant nous nous dirigeons vers le campement de la veille. On alluma des feux car nous étions transis.

Sur ces entrefaites, le colonel nous demande :

Quel est celui des capitaines qui doit remplacer Basset à la tête du bataillon ? — Le capitaine Gibert, répondirent unanimement mes camarades. Je fus très flatté et en même temps très honoré de ce témoignage de sympathie et de confiance de la part de tous mes collegues ; ce fut pour moi un véritable soulagement à toutes les peines morales que j'avais éprouvées jusque là tout en n'ignorant pas la gravité des charges et des responsabilités que m'imposaient ces nouvelles fonctions.

Le colonel prit congé de nous et quelques instants après, il faisait appeler dans son gourbi les trois chefs de bataillon du régiment ; c'était pour nous dire que, dans cette journée du 11, le régiment s'était bien conduit mais que malheureusement les pertes étaient sérieuses et qu'il y avait une croix à donner. — A qui cette croix doit-elle revenir ? nous demande le colonel, et tous trois de répondre : Au capitaine Basset, s'il n'est pas mort.

En effet, la croix d'honneur lui fut remise un peu avant qu'il ne rendit le dernier soupir. On nous rapporta plus tard que cette croix lui avait fait grand plaisir et qu'elle avait bien adouci ses derniers moments.

Récit du sous-lieutenant Froment

Le 11 janvier, vers une heure et demie, sur l'ordre du commandant Basset, ma compagnie, la 7e du 2e bataillon du 72e mobiles, capitaine Estieu, se porta en avant suivie de la 6e compagnie, capitaine Delort du même bataillon ; elle se plaça derrière une ligne de tirailleurs du 43e régiment de marche et la 6e compagnie prit position à environ 300 mètres en arrière.

Nous faisions face à un grand bois occupé par les Prussiens qui nous criblaient de balles sans que nous puissions y répondre, nos assaillants étant invisibles.

A peine étions-nous arrivés que notre ami le capitaine Estieu, se trouvant à ce moment derrière la première file de sa compagnie, reçut une balle au front et tomba raide mort.

Je pris le commandement de la compagnie et la portai déployée, avec l'assentiment du capitaine du 43e régiment, sur la ligne de ses tirailleurs et à leur suite.

Nous tiraillâmes ensemble pendant une demi-heure environ ; puis, nous reçûmes l'ordre de nous replier sur le gros du bataillon, ce que nous fîmes.

Deux heures après, le commandant porta les cinq compagnies qui formaient le bataillon vers l'ennemi ; c'est en dirigeant avec vigueur cette marche en avant que cet officier énergique et aimé tomba frappé de trois balles, au milieu du chemin de Changé, qu'il avait déjà fait franchir à une portion du bataillon. La dernière escouade de ma compagnie venait de pénétrer dans un bois de jeunes sapins dont les balles ou les obus tranchaient les pointes et les branches qui retombaient sur nous en nous couvrant de neige.

C'est l'instant précis où le colonel Faussemagne exécuta, à la tête du 43e de marche et de toutes les troupes se trouvant là, la charge qui arrêta sur ce point les progrès de l'ennemi.

Récit du sous-lieutenant Bastid

Ma compagnie fait par le flanc gauche à la suite de la 7e; elle gagne le chemin de Changé, fait demi-tour à gauche, traverse un petit ruisseau au fond d'un pli de terrain et franchit au pas gymnastique un terrain découvert ; elle se jette, baïonnette au canon, dans une grande sapinière occupée par les Prussiens.

Bientôt les munitions manquent, je reçois l'ordre du commandant Josson de Bilhem, du 3e bataillon, d'aller en chercher.

Je pars avec 20 hommes ; je rencontre des cacolets et les amène au bas de la sapinière à portée de nos tirailleurs.

Le capitaine Estieu avait été tué au début de l'action, le commandant Josson de Bilhem reçut, peu après mon retour, une balle dans l'oreille qui l'étendit sans vie.

Récit du comte Charles de Saint-Poncy

Le 10, vers 4 heures du matin, nous entendîmes sonner l'assemblée ; nous fûmes aussitôt sur pied. Le commandant Basset venait de recevoir l'ordre d'amener son bataillon du côté de Pontlieu.

« Messieurs, nous dit M. Basset, je n'en sais pas davantage ; mais comme l'ordre ne renferme aucun détail saillant, je suppose que nous allons opérer un simple changement de cantonnement. »

Les hommes ne se firent pas attendre : vers 6 heures la colonne se mit en marche ; le vent du nord soufflait avec violence. Nous trouvâmes les rues du Mans encombrées de régiments de toutes armes. Du reste, un silence solennel que nous ne pouvions nous expliquer, régnait partout.

En sortant de la ville, du côté de Pontlieu, nous aperçûmes deux ou trois batteries de canons tout neufs, nouveau système ; mais nulle part il ne fut question de lutte prochaine. En nous éloignant du Mans, nous n'entendîmes aucun bruit, même lointain ; il y avait du mystère dans notre marche précipitée, lorsque nous considérions le calme de la nature et le silence des bois qui bordaient la route ; le soleil lui-même venait de se montrer presque souriant et chacun de nous se sentait de bonne humeur comme pour saluer l'astre si avare de ses faveurs à notre égard.

A 2 kilomètres de Pontlieu nous rencontrâmes un soldat blessé, porté par quatre de ses camarades. Nous crûmes à un accident car nous venions de percevoir des coups de feu dans les bois qui s'étendaient à notre droite ; ces coups de feu, très espacés, furent suivis du bruit d'un feu de peloton qui nous parut d'abord le résultat d'expériences de tir d'ensemble, mais les blessés affluèrent et nous conjecturâmes, non sans raison, qu'il y avait non loin de nous un engagement sérieux. Nous marchions de surprise en surprise.

Un officier nous fit obliquer à gauche à une intersection de route, et nous indiqua le lieu de notre bivouac. Les batteries divisionnaires qui nous suivaient s'établirent les unes à notre gauche, les autres sur la route que nous venions de quitter, où des épaulements avaient été préparés. Bientôt le canon gronda et le rire infernal des mitrailleuses déchira, par intervalles, le silence glacé de ces vastes solitudes.

La nuit vint et après une petite flambée chacun de nous s'allongea sur sa couche humide et glacée, rêvant qu'il possédait ce qui lui manquait, singulière consolation qui, du reste, nous faisait honneur.

Quant à nos hommes, ils avaient passé toute la journée sur pied sans recevoir leur distribution, sans qu'on leur donnât même un biscuit.

La nuit fut tranquille, à part quelques coups de feu de sentinelles inexpérimentées criant « halte-là » à une feuille vagabonde et « qui vive » à leur ombre se dessinant sur la neige.

Il était tombé plus d'un pied de neige et il neigeait encore.

Nous dormions d'un profond sommeil, lorsque le 11, vers 5 heures du matin, des coups de fusil retentirent en même temps que les cris : « Aux armes ! Sac au dos ! »

Vers 8 heures, Chansy arriva avec son état-major.

Le général, grand, élancé, figure martiale et intelligente quoique un peu rêveuse, œil vif quoique un peu vague, maintien noble quoique légèrement timide, nous salua d'un geste gracieux et militaire tout à la fois. Il avait le képi sur l'oreille et on devinait « à son air de deux airs », comme disent nos paysans, qu'il méditait quelque grand coup. C'était pour la première fois qu'on le voyait chez nous et sa présence produisit une impression salutaire sur nos hommes habitués, du reste, à toutes les déceptions.

Il s'écria d'une voix que je n'oublierai jamais :

« Braves mobiles du Cantal,

« C'est à votre tour de marcher et je suis sûr « que vous ferez honneur à l'Auvergne comme au « drapeau de la France. »

Soudain il disparut à nos yeux, emporté par son impétueuse monture.

Vers midi, la fusillade éclata sur notre gauche; nos hommes, appuyés sur leurs fusils et battant de la semelle pour se dédommager de leur immobilité dans la neige, causaient entre eux avec cette admirable insouciance qui fait du soldat français le premier soldat du monde, lors même qu'il est vaincu.

La fusillade se rapprochait et le canon grondait.

Tandis que je causais avec mon ami Eugène Duchamp, le capitaine Estieu vint nous serrer la main d'une façon particulièrement affectueuse, puis le cri : « En avant! » retentit à nos oreilles et nous nous séparâmes.

Quelques secondes plus tard, le capitaine Estieu

tombait glorieusement à la tête de sa compagnie, frappé d'une balle au front, pour ne plus se relever.

Le mouvement s'accentuait de plus en plus.

Nous étions déployés en tirailleurs.

Le colonel Faussemagne, atteint d'un éclat d'obus à la jambe, nous commanda de charger l'ennemi.

On ne se le fit pas dire deux fois et je suis persuadé que le plaisir de changer de place et de se réchauffer un peu se mêlait à la ferme intention de « taper sur les Prussiens », comme disaient nos soldats.

En un clin d'œil nous arrivâmes à la lisière du bois, en face l'ennemi qui dirigea sur nous un feu d'autant plus meurtrier que nous étions à découvert. A notre droite s'étendait un bosquet de jeunes sapins s'élevant à peine à hauteur d'homme : il était littéralement jonché de morts et de mourants, car à la faveur de l'exiguité de la plantation, la tête des soldats français venant parfois à se montrer, il avait servi de point de mire à l'artillerie et aux feux de peloton des Allemands. Rien n'était navrant comme le spectacle de ces pauvres blessés, rampant dans la neige, tenant encore leur fusil d'une main et essayant vainement de nous suivre. Il n'y avait près de nous qu'un seul aide major, le nôtre, M. Vidal, assisté de son intelligent confrère, M. Amagat ; mais pouvaient-ils suffire à tant de victimes ? Les cris, les imprécations, les plaintes des blessés, le sifflement des balles, l'éclatement des obus, tous ces bruits divers formaient un concert diabolique, dominé par la fusillade.

Nous traversions la sapinière en nous frayant littéralement un chemin *unguibus et rostro* pour pénétrer dans le grand bois qui était à notre droite, à l'intersection des chemins, lorsque tout à coup les hommes, n'entendant pas ou entendant mal notre commandement, firent feu sans en avoir reçu l'ordre.

Nous étions en avant, nous les officiers, et nous agitâmes nos sabres pour arrêter cette fusillade, plus dangereuse que celle de l'ennemi. Vains efforts; nos hommes, enivrés par l'odeur de la poudre, ou plutôt excités par nos mouvements désordonnés qu'ils prenaient sans doute pour des encouragements, tiraient sans viser, coup sur coup.

Cette fusillade désordonnée dura bien deux minutes.

La traversée de la sapinière avait mis le désordre dans nos rangs. Le capitaine Devillas franchit le premier la route, balayée par la mitraille, qui nous séparait du grand bois ; je le suivis en même temps que le sergent Rouchès et environ 50 hommes de la compagnie.

Nous organisâmes immédiatement le feu.

Nos hommes se conduisirent admirablement. Un genou en terre, le corps à peine à moitié dissimulé par un arbre, un fossé, des broussailles, un pli de terrain quelconque, ils faisaient le coup de fusil avec un calme et un sang-froid dont nos voisins les lignards devaient être jaloux.

Nous étions devenus sourds depuis le matin et lorsque nous avions à donner des ordres à nos hommes, nous étions obligés de leur appliquer nos deux mains au coin de l'oreille, en guise de porte-voix, et de crier de toutes nos forces. Vains efforts ! ils n'entendaient rien et nous n'entendions pas nous-mêmes un seul son des paroles que nous prononcions.

Le commandant Basset n'avait cessé, pendant le cours de cette triste mais glorieuse journée, de se multiplier, d'aller d'une compagnie à l'autre, et de nous animer non seulement par ses paroles, mais encore et surtout par son exemple, par ses actes. Mais, hélas ! en traversant le chemin dont j'ai plus haut parlé, il fut frappé d'un premier coup de feu qui le renversa.

Eugène Duchamp, qui se trouvait près de lui, n'eut que le temps de le recevoir dans ses bras et c'est pendant qu'il le soutenait que notre commandant fut atteint de deux autres balles dont une dans les reins. Cette blessure était mortelle.

Notre douleur fut grande.

La lutte se prolongea, sans interruption, jusqu'à la nuit. Nous regagnâmes notre bivouac et le général de Roquebrune nous félicita de notre conduite et nous dit que « tout allait bien », que l'ennemi n'avait pas fait « un pouce de progrès ».

Le brave capitaine Gibert prit le commandement du 2e bataillon et déploya un zèle, une énergie et une activité dignes des plus grands éloges et surtout d'un meilleur résultat.

Quant aux pertes du bataillon elles étaient sans contrôle possible ; tout ce que nous pûmes constater c'est que la moitié de la compagnie, c'est-à-dire quatre-vingts hommes seulement répondirent à l'appel et encore beaucoup d'entre eux se trouvaient blessés.

Les pertes des autres compagnies n'étaient pas moins sensibles et je crois que jamais il ne sera possible d'en avoir le chiffre officiel.

Récit du capitaine Roze des Ordons

Le 11, le 3e bataillon est, dès la première heure, en bataille sur le Chemin aux Bœufs. A une heure 1/2, recevant des balles derrière, il se retourne, fait une conversion à droite et se porte parallèlement à la route de Changé au-devant des Allemands, qui ont fait irruption sur le plateau.

Tout d'abord, nous traversons la route de Changé près de la maison du garde forestier, puis le Chemin creux, et nous combattons à côté du 43e de marche et de nos camarades du 2e bataillon ; nous pénétrons ensuite, baïonnette au bout du fusil, dans une grande sapinière où les Prussiens s'étaient glissés et nous y restons jusqu'à la nuit, après les en avoir délogés.

C'est dans cette sapinière que le commandant Josson de Bilhem a été tué raide.

Le soir, vers 11 heures, notre grand-garde établie au château de Serquoit, à côté de celle du 2e bataillon, se laisse surprendre et enlever presque toute entière.

Le lieutenant Louvrier, gravement contusionné, est fait prisonnier, le sous-lieutenant Bégue est tué.

La nuit se passa en alertes continuelles. Elle fut particulièrement claire, froide et pénible.

Ainsi que je l'ai dit, la fusillade commença le 11 janvier, à midi. Bien que soutenus énergiquement par le feu des pièces du plateau d'Auvours et du Luart, les mobiles de la Mayenne ne peuvent résister au choc des masses prussiennes lancées contre eux et, après une heure de lutte, ils sont refoulés malgré leurs efforts, malgré leur courage.

Les Prussiens pénètrent à leur suite dans la vallée de l'Huisne, utilisant comme abris les haies, les bouquets d'arbres qui sont en quantité de ce côté ; ils se jettent en nombre dans les sapinières qui garnissent les pentes du plateau du côté de la rivière, sans y trouver grande résistance, car il y avait tout d'abord fort peu de troupes en cet endroit ; les uns suivent le Chemin aux Bœufs se dirigeant vers les Granges, les autres gravissent les pentes plus à l'Ouest.

Le mouvement est rapide, il est enveloppant.

Ces derniers débouchent bientôt sur le plateau et ouvrent un feu très vif dans la direction du 43e de marche et du 72e mobiles ; ces régiments se portent rapidement au-devant d'eux.

Au bruit de la fusillade, la brigade Desmaisons accourt, conduite par le lieutenant-colonel de

Lambilly. Elle contient les Allemands dans la vallée jusqu'à la nuit.

Le lieutenant-colonel de Lambilly est blessé au début de l'action.

Le 1er bataillon de chasseurs (vaillant bataillon, comme le désigne le général Chansy) a soutenu bravement devant Changé, avec le 38e de marche, le choc de l'infanterie allemande. Mais à 3 heures 1/2 sa droite est débordée. Toutefois, les 38e et 45e de marche ont dû changer de front et appuyer vers la route aux bœufs, parallèlement au chemin de Changé.

Par suite de ce mouvement exécuté peut-être avec trop de rapidité et sans qu'on l'en ait prévenu, ce bataillon se trouve trop engagé. Se voyant cerné, le capitaine Vivès ordonne la retraite, mais le bataillon est en butte à des feux qui lui font perdre, en moins d'un quart d'heure, la moitié de son effectif. Il quitte le champ de bataille et gagne le Mans.

Le 46e de marche, dont les soldats tombaient de fatigue et de faim, a eu, au début, une alerte qui a failli le mettre en fâcheuse posture.

Sa ligne de tirailleurs surprise s'est rejetée en désordre sur le 1er et le 2e bataillons, qui se reportent eux-mêmes sur le bataillon de réserve.

L'ordre se rétablit et le régiment, entraîné par les officiers, reconquiert le terrain perdu, s'y maintient et se trouve encore, à la nuit, en extrême pointe, près des maisons de Changé. A 3 heures du matin, le 12, il se replie et vient se placer à côté du 76e mobiles qui occupe toujours les bois au Sud du Tertre, en arrière de Grand-Auneau.

Le 45e de marche, interrompu dans une distribution de vivres dont il avait un besoin absolu, appuie vigoureusement le 1er bataillon de chasseurs et le 38e. Son colonel ayant été blessé au début de l'action, chaque bataillon agit isolément. Vers 3 heures, le 3e bataillon change de front et fait face à l'ennemi qui s'avance en forces considérables sur le Chemin aux Bœufs, non loin du tertre où ce bataillon avait été placé en réserve. Il est appuyé dans ce mouvement par le 38e qui est à sa droite.

Les soldats de ces deux régiments étaient littéralement affamés ; leur fatigue était telle que les tirailleurs s'endormaient derrière leurs abris au lieu de faire le coup de feu.

Le 9 janvier, ils s'étaient battus à Parigné et le général de Jouffroy, ne s'apercevant pas qu'il découvrait le Mans, les avait dirigés sur Mulsanne qu'il avait quitté pour Pontlieu, puis pour Changé, où les traînards avaient rejoint, au milieu de la fusillade.

Le 76e mobiles est en arrière de Grand-Auneau, à droite et au sud du tertre de Changé ; ce régiment couche sur ses positions. Le 70e mobiles a quitté Pourry et est venu le renforcer.

Les chasseurs et les mobiles du 16e corps, qui occupaient les côtés du Chemin aux Bœufs, à l'extrémité du plateau vers l'Huisne, se sont portés au devant des Prussiens, débouchant près de la ferme des Granges ; ils repoussent toutes les attaques et campent à l'endroit où ils se trouvent.

Mais les Allemands se sont glissés, à la faveur de l'obscurité, vers le tertre de Changé, qui n'était pas défendu, et s'en sont emparés par surprise ; aussi lorsque le 43e de marche veut regagner son bivouac de la veille, le trouve-t-il au pouvoir de l'ennemi qui s'y est, en nombre, solidement installé.

Sur la droite, tous les régiments qui ont pris part à la marche en avant et refoulé les Prussiens jusqu'au château de la Paillerie, ont regagné, à la nuit, le Chemin aux Bœufs. Toutefois, le 40e de marche s'est retiré, par ordre, à 9 heures du soir, vers Pontlieu, et le 39e de marche, après avoir tenté, quatre fois, pendant la nuit, de reprendre le Tertre rouge, a été repoussé avec de telles pertes qu'il s'est replié sur le Mans.

Voici ce qui s'était passé à la Tuilerie :

Les mobilisés bretons qui occupaient le Tertre rouge ayant reçu, brusquement, à 7 heures du soir, quelques obus, avaient, soudain, pris de panique, abandonné, au premier coup de fusil, leurs positions à une compagnie prussienne, commandée par un simple lieutenant. Cette compagnie avait été de suite renforcée et le Tertre garni d'artillerie.

La débandade des mobilisés bretons jeta le trouble et la confusion dans les régiments qui se trouvaient soit dans les bois d'Arnage, soit à

Pontlieu, si bien que le général en chef ayant prescrit de reprendre, coûte que coûte, le Tertre rouge, les soldats restèrent sourds aux exhortations énergiques, aux prières de leurs officiers.

C'est sans doute de ce fait dont parle l'historique du 70e mobiles, dans les termes suivants :

« Convaincus que le bénéfice de la journée est à eux, nos hommes se préparent à se reposer un peu, quand, soudainement, des cris, des clameurs parviennent jusqu'à nous ; puis des tambours battent, des clairons sonnent la charge ; des cris : En avant ! se font entendre.

« On voit des officiers de la ligne faire des efforts désespérés pour entraîner leurs troupes.

« Rien n'y fait, c'est un tohu-bohu inexprimable. »

Ainsi, les deux Tertres exceptés, nos positions tout le long du Chemin aux Bœufs étaient, à 9 heures du soir, les mêmes que la veille. Cependant, par suite de la panique incompréhensible des mobilisés bretons, le 39e de marche avait sa droite en l'air.

Les 33e mobiles, 37e et 41e de marche commandaient la route de Ruaudin ; les 74e et 72e mobiles, celle de Parigné, et le 43e de marche celle de Changé.

L'ennemi ne pouvait songer à lancer son artillerie et sa cavalerie sur la route de Parigné tant que cette route ne serait point libre. La cavalerie (XIVe brigade) était massée, inactive depuis la veille, à Parigné-l'Evêque, avec détachements aux châteaux de la Paillerie et de Chef-Raison.

A gauche, sauf la partie de la vallée de l'Huisne qui s'étend entre le château des Arches et le château des Noyers et qui avait été défendue par des forces insuffisantes, nos troupes n'avaient pas perdu un pouce de terrain.

L'enlèvement du tertre de Changé fut une surprise imputable à la division de Jouffroy, qui abandonna sans motif les points où elle avait si vaillamment combattu dans la journée, ou bien qui laissa des vides dont l'ennemi profita très habilement.

Dès le combat fini, dans cette funeste campagne, le soldat oubliait qu'il était devant l'ennemi, se débandait et allait au loin chercher des vivres que le plus souvent il ne trouvait pas.

L'entrain et le courage ne sont pas suffisants, il faut encore de la discipline et de l'ordre.

C'est là que se trouve la véritable supériorité des vieilles troupes, blanchies sous le harnais, qui sont en campagne et au feu ce qu'elles sont à la caserne et aux manœuvres et, chose à noter, elles perdent beaucoup moins de monde.

L'abbé Garnier, ancien vicaire de Patay, avait donné au général Chansy d'utiles renseignements au commencement de la journée du 1er décembre.

Il le rencontre le soir. « Merci, » lui dit le général.

Un officier de l'état-major voyant la fatigue du pauvre vicaire, encore fort éloigné de son logis, lui fait donner un cheval.

En route, le vicaire dit à cet officier :

— Vous avez donc perdu la bataille ?

— Non, pourquoi ?

— Parce que l'état-major se replie sur Patay au lieu de rester à l'endroit de la victoire.

— Ah ! il ne faut pas vous étonner, c'est comme cela que l'on agit depuis le commencement.

— Alors je ne suis plus surpris de vos défaites, conclut l'abbé Garnier. (GARNIER)

Ce petit dialogue résume la critique de toute la campagne.

Que dit le général Chansy sur cette journée du 11 janvier ?

« Déjà, vers 8 heures du matin, la batterie du capitaine Delahaye, composée de 3 mitrailleuses (19e du 6e rég.), placée derrière les épaulements, sur la route de Parigné, avait ouvert son feu sur des colonnes ennemies qui traversaient la route pour se porter sur les points où les attaques de la journée devaient se produire.

« Ce tir à bonne portée avait jeté un grand désordre dans ces colonnes.

« Derrière la batterie Delahaye, deux pièces de 8 de la division Roquebrune, tirant par-dessus les mitrailleuses, aidèrent beaucoup à cet effet.

« Les troupes de la division Jouffroy prenaient alors position au-dessus de Changé, appuyant leur droite à la gauche de la division Roquebrune à cheval sur la route de Parigné.

« A la suite de la division Roquebrune, se trouvait jusqu'à la Tuilerie la division Deplanque (1re du 16e corps).

« A midi, l'action dans le secteur de l'amiral Jauréguiberry commença par une vive fusillade, aux abords de Changé.

« Deux régiments de la division Jouffroy soutenaient ce premier effort.

« L'intention de l'ennemi paraissant être de tourner notre gauche et de pénétrer dans la vallée de l'Huisne, l'amiral y porta la brigade Desmaisons, en même temps qu'il faisait appuyer de ce côté une partie de la division Roquebrune.

« Le combat s'étendit jusqu'à la route de Parigné, augmentant peu à peu d'intensité ; il devint de plus en plus acharné, avec des alternatives de succès et de revers.

« Les batteries Péret (19e du 8e rég. mitrailleuses) et Gauthier (14e du 7e rég. — 12 de la réserve), placées à la jonction de la route aux bœufs et de Changé, firent reculer une colonne profonde jusque derrière ses propres batteries.

« La batterie Péret avait eu 1 officier tué, 2 hommes blessés, 3 chevaux tués, un caisson brisé ; elle avait tiré 180 coups à des distances variant de 2.000 à 2.700 mètres.

« La batterie Gauthier avait lancé 96 projectiles à 2.000 et 3.000 mètres sans que l'artillerie ennemie lui eût coûté plus d'un homme tué, un blessé et un cheval tué.

« Sur la gauche, la brigade Desmaisons était entrée en ligne. Nos troupes qui s'étaient un instant retirées, faute de munitions, ayant été réapprovisionnées, l'offensive fut reprise avec entrain et l'ennemi fut maintenu depuis le tertre jusqu'à l'Huisne.

« A 3 heures, la gauche, vers Connéré, tenait bon, mais au centre, nos troupes qui avaient brûlé une grande partie de leurs munitions, commençaient à faiblir. L'ennemi se glissa même dans des bois très touffus en avant des Fermes au-delà et près de la route de Parigné, de manière à nous donner des craintes pour nos batteries de la route.

« Mais le colonel Bérard arriva à ce moment avec sa colonne ; aussitôt le 41e de marche, tombant à la baïonnette sur l'ennemi, le força à reculer et lui fit des prisonniers.

« Il s'établit ensuite sur la route, à plus d'un kilomètre en avant des batteries, et conserva cette position toute la journée en repoussant les retours offensifs de l'ennemi.

. . . .

« La division Roquebrune ne s'est pas laissé entamer.

. . . .

« Au reste, dans le secteur de l'amiral Jauréguiberry, les choses étaient menées par lui avec son entrain et sa vigueur habituels et le succès était des plus satisfaisants. »

J'ouvre ici une parenthèse.

Le général Chansy, trompé par les rapports de son état-major, n'a parlé dans la marche offensive qui a eu lieu sur les côtés de la route de Parigné vers le château de la Paillerie, que du 41e régiment de marche. Il est bon d'y ajouter le 39e et le 40e de marche, deux bataillons du 74e et un bataillon du 72e mobiles.

A tout seigneur, tout honneur.

J'aurai également, dans la journée du 12 janvier, une autre erreur à relever.

Ceci dit, je continue le récit du général Chansy.

« A 6 heures, où le combat s'éteint sur toute la ligne, nous sommes donc restés maîtres de nos positions.

« L'ennemi avait fait de grands efforts sur tout notre front.

« Si nos pertes étaient sérieuses, les siennes étaient plus grandes encore grâce à l'avantage que nous donnaient les positions qu'il attaquait.

« Un mouvement considérable de son artillerie qui s'était reportée en arrière et en colonne sur les principales routes par lesquelles il avait débouché, pouvait donner l'espoir que peut-être le lendemain il se déciderait à la retraite s'il acquérait la conviction que nous pouvions lui opposer la même résistance.

« Nos troupes étaient très fatiguées ; elles avaient eu à peine le temps de manger, mais leur attitude avait été bonne et devait leur donner confiance.

« Pour tout le monde, nous avions le succès ; il devait être, en tout cas, bien éphémère.

. . . .

« Sur la route de Parigné, la division de Roquebrune a repoussé toutes les attaques des Prusssiens.

. . . .

« Tout allait donc bien. Nous avions résisté à plus de 180.000 Allemands ; telle était, au dire des prisonniers, l'évaluation des forces engagées, et nos ennemis avaient, avant la fin de la journée, prononcé un mouvement de retraite. »

Le général Chansy, en télégraphiant ces résultats à Bordeaux, mentionnait : « C'est bien le prince Charles que nous avons devant nous. »

Mais à 8 heures il annonce que les mobilisés bretons ont abandonné la Tuilerie ; peu après, il télégraphie encore :

« Il paraît qu'après le combat, le général de Jouffroy n'a pas conservé ses troupes sur ses positions, car le général de Roquebrune m'informe que le Tertre est occupé maintenant par les Prussiens et que son flanc gauche est menacé. »

Dans ses instructions il renouvelle encore :

« La division Roquebrune a résisté. »

Que dit, à son tour, le grand état-major allemand, de la bataille du 11 janvier, dans ses différentes phases entre l'Huisne et la Tuilerie :

« Une lutte non moins vive s'engageait aussi lorsque le 20e régiment, obliquant alors à gauche, cherchait à gagner du terrain sur le Chemin aux Bœufs.

« Le 1er bataillon occupait le château des Noyers, de même que le pont de l'Huisne situé au Nord-Ouest.

« Les deux autres bataillons refoulaient en premier lieu les Français dans la direction des Granges (1), mais l'adversaire faisait avancer des renforts si considérables que les deux ailes se trouvaient en danger d'être enveloppées.

« Il devint nécessaire d'amener l'effectif tout entier en première ligne et même, vers 2 heures, d'appeler deux nouvelles compagnies des Noyers.

« Le 2e bataillon avait perdu la presque totalité de ses officiers; déjà les munitions commençaient à lui manquer.

« Le colonel de Flotow, prévenu que la 12e brigade approchait des Arches, fait venir alors comme renfort le 35e rég. (fusiliers).

« Les fusiliers de Brandebourg délogent d'une carrière d'argile les Français qui s'y trouvaient en nombre ; à plusieurs reprises, ceux-ci prononcent des retours offensifs avec des troupes fraîches, mais c'est à la troisième attaque seulement, alors que leur chef est blessé, que les fusiliers se décident à battre en retraite.

« La ferme des Granges est prise, puis reperdue. La lutte dans laquelle tout le régiment de fusiliers s'était successivement engagé se prolongeait ainsi, marquée d'alternatives diverses, jusqu'à la nuit. Cependant, quelle que fut sa supériorité numérique, l'ennemi ne parvenait pas à rejeter la 11e brigade en arrière de la Landrière.

« La 10e brigade marchait dans la direction du

(1) A gauche du Chemin aux Bœufs, au flanc des pentes bordant la vallée de l'Huisne.

Tertre et de la lisière du bois situé au sud.

« A 2 heures, après une heure d'une lutte meurtrière, elle se rendait maître *(sic)* du Tertre et d'un mamelon boisé contigu (1).

« Les Français y perdaient 100 prisonniers.

« L'aile gauche du régiment chassait l'ennemi de Grand-Auneau, mais elle se heurtait ensuite à des colonnes profondes débouchant de Pontlieu.

« La brigade ne progressait plus dès lors que lentement.

« La 2e batterie lourde, fusillée à petite portée, ripostait en tirant à obus.

« Le feu meurtrier de l'ennemi ne permettait pas aux fusiliers de pénétrer dans la ferme.

« A 5 heures, les troupes fraîches reprenaient la lutte.

« Cinq compagnies de grenadiers dirigeaient contre le Tertre une attaque enveloppante, emportaient cette ferme si vivement disputée et marchaient ensuite vers le Chemin aux Bœufs.

« La nuit était entièrement tombée lorsque l'action s'éteignait graduellement.

« Sur toute la ligne, les postes avancés du IIIe corps passaient la nuit en contact direct avec l'adversaire.

« Leur ligne s'étendait des Arches par les Noyers, la Landrière et le Tertre, jusqu'à la route de Parigné à Pontlieu où elle se reliait à la 14e brigade de cavalerie.

(1) C'est une erreur manifeste. La ferme du Tertre est entre Courteboule et Grand-Auneau, au bas des pentes du mamelon de ce nom.

« Les contingents de Brandebourg avaient fait de grosses pertes.

« Les rapports du IIIe corps laissaient voir que la lutte était en bonne voie bien qu'elle fût pénible. »

J'ai signalé, en passant, l'erreur commise par l'état-major allemand au sujet du Tertre de Changé.

Si ce Tertre eût été pris de jour, le 43e de marche en aurait eu vent puisque son 1er bataillon était, à la jonction des routes, tout près de là ; et cependant, c'est à la nuit seulement, ainsi qu'on le verra plus bas dans l'historique du 43e de marche, que les éclaireurs de ce régiment ont rapporté la nouvelle qu'il était au pouvoir des Prussiens.

Ces extraits du livre de Chansy ou de l'ouvrage du grand état-major allemand suffiraient, sans doute, pour l'intelligence des faits, mais il m'a paru utile en même temps qu'intéressant de reproduire d'après leur historique les péripéties nombreuses, les alternatives de succès et de revers ou autres, des régiments engagés dans le secteur de l'amiral, au cours de la journée si mouvementée du 11 janvier, tous ces récits devant assurément concourir à donner à la bataille du Mans sa physionomie exacte.

1er bataillon de chasseurs. — A 10 heures du matin, le 11 janvier, le bataillon va relever un bataillon d'Ile-et-Vilaine, dans une tranchée à la lisière de la forêt.

Il a, à sa droite, un bataillon du 38e régiment de marche ; à sa gauche un bataillon des mobiles de la Mayenne.

L'attaque des Allemands a lieu à midi.

Le commandant est tué au début de l'action.

Vers 1 heure, le bataillon de gauche cède au choc de l'infanterie prussienne et se reporte, en arrière, sur le château des Noyers ; vers 3 heures 1/2, le bataillon de droite est obligé d'abandonner ses positions.

Sur le point d'être cerné, le capitaine Vivès, qui avait pris le commandement du bataillon et ne voulait pas reculer, sans ordre, donne enfin, à 4 heures, le signal de la retraite.

Malheureusement le bataillon s'expose de flanc aux feux croisés de l'ennemi qui lui font subir de nombreuses pertes.

38e de marche. — Le 38e est réduit, le 11 janvier, à 700 hommes ; à 1 heure il a perdu 100 hommes et brûlé ses cartouches.

46e de marche. — La gauche à Changé s'appuyant au 38e de marche, son 3e bataillon en réserve.

L'attaque des Allemands se produit vers midi.

Beaucoup de tirailleurs, surpris, se débandent et cette panique menace de se communiquer aux réserves. Mais l'énergie des officiers maintient les hommes qui se rallient dans un chemin creux, font bonne contenance et arrêtent les Prussiens.

Le 3e bataillon s'élance, prend position et résiste bravement jusqu'à 6 heures.

Le 46e bivouaque sur place.

45e de marche. — Le 45e de marche prend les armes à 7 heures et se porte dans la direction de Changé. L'attaque se produisit au moment même d'une distribution de vivres. Les hommes mouraient de faim.

L'attaque fut brusque et causa un certain désordre.

Dans la journée, le village de Changé, attaqué à plusieurs reprises, reste au pouvoir de l'ennemi.

Dès le début de l'action, le colonel avait été blessé.

Les Prussiens ne purent, malgré leurs efforts, entamer la lisière des bois.

A la nuit, des fractions des deux premiers bataillons étaient encore au pied des maisons de Changé ; d'autres fractions s'étaient ralliées au 3e bataillon, resté en réserve non loin du Tertre.

76e mobiles. — Il est 1 heure 1/2, nous recevons l'ordre de marcher.

L'attaque était commencée par l'ennemi.

Un régiment de ligne, déployé en tirailleurs, abandonnait ses positions et se repliait sans ordre.

Nous faisions face à Changé et la fusillade était déjà derrière nous.

Nous nous portons en avant et nous délogeons les Allemands d'un chemin creux. La baïonnette seule a pu les en faire sortir.

Relevé pour se ravitailler, le 76e reprend ses positions.

70e mobiles. — A 3 heures, le bruit de la bataille devient très intense, le grincement des mitrailleuses, le crépitement de la fusillade, les feux de peloton et plus de cent pièces de canon tonnant à la fois déchirent les airs et produisent un vacarme épouvantable. Les sapins broyés par les obus font entendre des craquements plaintifs et par intervalle la voix puissante des pièces de marine domine cette étrange musique.

Le régiment s'avance vers Grand-Auneau et arrête une colonne qui s'est glissée sous bois.

A la nuit le combat cesse.

Le IIIe corps allemand n'a pas fait de progrès. Ses avant-postes sont : à sa droite, près du château des Arches ; au centre, près du Tertre et à sa gauche il a été obligé de reculer jusqu'au château de la Paillerie.

Il ne reste, le 11 janvier au soir, que 7 officiers et 200 hommes du 70e mobiles qui regagnent Pourry, où ils avaient bivouaqué la nuit précédente.

43e régiment de marche. — Le régiment a pris position, le 10, sur le Tertre Rouge entre le Chemin aux Bœufs et la route de Changé.

Le 1er bataillon est à la jonction des routes, les deux autres sont en arrière du Chemin aux Bœufs, perpendiculairement à la route de Changé.

Le froid est très vif.

Au jour, 11 janvier, on reprend les armes dans un pied de neige.

Vers 9 heures, des chasseurs et des mobiles du

16e corps prennent position à la gauche du 3e bataillon, à l'extrémité du plateau, vers l'Huisne.

A 11 heures, le général Chansy et son état-major viennent examiner la position ennemie près des maisons qui bordent le chemin creux allant vers Changé.

Vers 11 heures 1/2, le colonel Faussemagne commandant la brigade envoie en avant du front des 2e et 3e bataillons une section en tirailleurs pour éclairer le terrain au-delà des avant-postes, au sud du Tertre Rouge.

Vers 1 heure 1/2, une vive fusillade se fait entendre en arrière des bataillons. Les balles couvrent le plateau. Les deux bataillons font face en arrière et se portent rapidement au feu.

Le 3e bataillon s'arrête le long des fossés placés parallèlement et à 200 mètres en avant du chemin creux.

Il a à sa droite les mobiles du 16e corps.

Les grand-gardes, qui se trouvent maintenant en arrière, sont maintenues. Elles combattent isolément pendant la journée.

Cependant, l'ennemi a pris à revers le 3e bataillon qui se replie par le chemin creux en utilisant tous les obstacles, maisons, haies, fossés, etc.

Un feu très vif est dirigé sur les Prussiens qui se glissent vers le Tertre par les sapinières et par la route de Changé.

Vers 4 heures 1/2, les munitions manquent, les hommes sont peu nombreux et les coups leur arrivent de toutes les directions.

Le 3e bataillon se reporte en arrière dans la sapinière où il trouve le 1er bataillon fort réduit et également sans cartouches.

Ce bataillon, placé à la jonction des routes, s'étant porté, au moment de la fusillade, dans une sapinière en avant, avait dirigé des feux croisants sur ceux du 3e bataillon.

A un moment donné, sur l'ordre du colonel Faussemagne, il s'est lancé, à la baïonnette, dans la direction de Changé, mais la difficulté du sol et le manque de soutien l'ont obligé à se placer derrière une haie ; il tente bientôt une seconde attaque qui ne lui donne comme résultat que quelques prisonniers ; puis, manquant de munitions, il est obligé de se reporter en arrière.

Le colonel Béraud, chef d'état-major du 16e corps, fait hautement et publiquement des compliments chaleureux au commandant du 1er bataillon pour la vigueur des troupes qui étaient sous ses ordres, dans le combat offensif.

La journée est terminée, le général de Roquebrune ordonne de reprendre le bivouac du Tertre ; la nuit est venue et l'on s'y rend dans l'obscurité.

Bientôt les éclaireurs qui précèdent la colonne reviennent en disant que le Tertre est occupé. Les bataillons se rendent alors sous les sapins à gauche de la route aux bœufs.

Le 2e bataillon, qui a conservé jusqu'à la fin ses positions, arrive à son tour.

Le terrain était couvert de neige ; le froid, très vif. On n'avait pour faire du feu que du bois de sapin chargé de givre. La proximité de l'ennemi interdisait les grands feux.

La nuit devait être très pénible.

Le 72e mobiles était bivouaqué à côté du régiment, sur la droite de la route.

74e mobiles. — Le 74e mobiles vient d'arriver sur le Chemin aux Bœufs. La fusillade était terrible et se répercutait dans ces bois avec un bruit assourdissant et une fréquence inimaginable, à ce point que nous n'entendions presque pas le canon.

On emportait de nombreux blessés presque tous les mains et le visage sanglants.

A peine arrivés sur le Chemin aux Bœufs, à droite de la route de Parigné-l'Evêque, on nous développe en tirailleurs.

D'abord nos mobiles tirent devant eux, il faut bien le dire, sans savoir où ; puis, le bois devenant moins épais et plus maîtres d'eux en voyant ce qu'ils font et se familiarisant surtout avec le vacarme infernal, ils distinguent les Prussiens à quelques pas d'eux, se glissant, s'avançant, s'embusquant, déjà retranchés dans un petit château et quelques bicoques. — « Allons, à la baïonnette ! » et nos hommes fondent avec entrain sur les Prussiens, enlèvent les postes occupés par eux, les culbutent partout et délivrent des prisonniers français gardés dans ces positions.

Les Allemands se rendent vite devant cet élan. Ils se jettent à genoux, en criant : « Grâce, grâce, bons Français ! »

Beaucoup faisaient les morts et se relevaient prestement quand ils sentaient la pointe de la baïonnette.

Nous nous étions avancés à plus de 1.200 mètres.

Vers le soir, nous entendons une marche de tambours et de clairons ; l'ardeur redouble.

La fusillade paraît reprendre avec une nouvelle intensité, le canon et les mitrailleuses crachent leurs projectiles sur la route de Parigné.

De bonnes nouvelles circulent sur toute la ligne. Les Prussiens sont repoussés partout. On se le dit, on se serre les mains. La journée est bonne.

Le 74e se trouve disposé, le 11 janvier, de la manière suivante : son 1er bataillon est placé en avant du château de l'Epau sur l'Huisne ; les 2e et 3e bataillons se trouvent sur le Chemin aux Bœufs, à droite de la route de Parigné, avec la division de Roquebrune.

Il conserve ses positions jusqu'au lendemain et se bat avec une grande vigueur.

41e de marche. — Depuis midi, 11 janvier, nous entendons la fusillade dans la direction de Changé et de Parigné, lorsqu'enfin, à 1 heure 1/2, arrive l'ordre de se porter sur le lieu de l'action.

A peine arrivés dans la forêt, les 1er et 2e bataillons déploient successivement toutes leurs compagnies en tirailleurs, tandis que le 3e bataillon reste en réserve seulement jusqu'à 2 heures.

La fusillade dure jusqu'à la nuit.

Nulle part les Allemands ne tiennent devant

l'élan de nos soldats qui les chargent à la baïonnette et leur font des prisonniers.

Enfin à 6 heures nous recevions l'ordre de bivouaquer sur les positions où nous avions combattu toute la journée.

La nuit se passa en alertes continuelles sans pouvoir prendre un moment de repos. Nos hommes pourtant supportaient courageusement le froid et la fatigue, car dans l'ignorance de ce qui s'était passé à la Tuilerie, ils étaient sûrs de la victoire.

40e de marche. — La bataille était engagée depuis le matin (11 janvier). Le bruit du canon, le crépitement des mitrailleuses et la vive fusillade que l'on ne cessait d'entendre, indiquaient la grandeur de la lutte.

A 4 heures, le 40e est lancé dans les bois, à droite de la route de Parigné ; il a, à sa droite, le 41e de marche et à sa gauche des mobiles. Aussitôt déployé en tirailleurs, il commence un feu des plus nourris. Les balles sifflent de tous les côtés. L'ennemi se défend avec énergie. Il recule et revient à plusieurs reprises sur nous.

C'est un combat obscur et ténébreux.

Nous avançons constamment, malgré les hourrahs poussés par les Allemands qui, grâce à l'obscurité, se laissent approcher : nous les chargeons au pas de course, les culbutons et faisons plusieurs prisonniers.

39e de marche. — A la pointe du jour, 11 janvier, les grand-gardes sont attaquées. Le régiment reste en bataille sur le Chemin aux Bœufs, non loin de la route de Ruaudin ; une forte ligne de tirailleurs le couvre à 800 mètres.

Vers 4 heures, cette ligne est vivement attaquée, mais elle tient bon jusqu'à la nuit où, se se voyant tournée sur sa droite, elle est forcée de se replier sur sa gauche.

Aussitôt que le régiment est démasqué par les tirailleurs, il ouvre un feu vif sur l'ennemi et l'arrête facilement, mais il reçoit des balles à droite et en arrière, les Prussiens ayant occupé les positions que les mobilisés d'Ile-et-Vilaine avaient évacuées sans se défendre.

Dans la nuit, vers 11 heures, le colonel reçut l'ordre de reprendre le Tertre Rouge. Après des efforts inutiles et meurtriers, les débris du régiment se retirèrent à Pontlieu.

37e de marche. — Le 37e est sur la route de Ruaudin. Par quatre fois, dans la nuit, il reçoit l'ordre de reprendre le Tertre Rouge et chaque fois le contre-ordre est donné.

75e mobiles. — Le 11 janvier, le général en chef inspecte partout les positions.

Le 75e est en bataille sur l'emplacement où il a passé la nuit, à gauche et légèrement en retrait du 39e de marche.

La bataille est engagée sur toute la ligne, le canon tonne, mais la marche générale de l'affaire est bonne pour nous puisque le régiment ne reçoit aucun ordre et reste en place toute la journée.

L'ordre est donné de passer la nuit où l'on se

trouve. Il est 8 heures. Nous plaçons de suite les grand-gardes. A ce moment, des balles arrivent sur notre droite. Les mobilisés bretons ont abandonné les fortes positions de la Tuilerie.

Au 75e, la prise de la Tuilerie cause une émotion pénible.

A 3 heures du matin (12 janvier), notre grand-garde est attaquée et se replie sur le bataillon (3e du 75e — 4e de Maine-et-Loire). Le bataillon est en position dans les fossés du Chemin aux Bœufs. En un clin d'œil nous sommes debout ; le temps est très beau, la lune brille de tout son éclat et éclaire le terrain couvert de neige sur lequel nous distinguons parfaitement l'ennemi ; si celui-ci a cru renouveler la surprise de la Tuilerie, il est grandement déçu ; il est reçu de façon à lui prouver que sa tentative est manquée. La fusillade dure une heure et l'ennemi voyant l'inutilité de ses efforts ne nous inquiète plus de la nuit.

33e mobiles. — Le 10 janvier, nous soutenons devant nous nos camarades de brigade jusqu'à la nuit et nous nous retirons d'abord aux Arches, mais vers 8 heures l'ordre est envoyé au colonel Reibel d'occuper avec sa brigade le plateau, depuis les Granges jusqu'au Tertre, en arrière de Changé.

A 1 heure du matin, nous arrivons au Tertre de Changé ; nous restons là en grand-garde jusqu'à 11 heures.

L'ennemi qui occupe Changé est à 60 mètres de nous ; défense est faite d'engager l'action.

La neige tombe à gros flocons, les hommes se battent à coups de boules de neige ; nous faisons trois prisonniers.

Nous quittons ce singulier campement pour reprendre notre ancienne position sur le Chemin aux Bœufs, près de la route de Ruaudin, à la droite du 37e de marche.

Nous restons toute la journée sac au dos.

L'ennemi se porte à notre gauche et les mitrailleuses placées sur la route de Parigné lui font beaucoup de mal ; d'autres troupes allemandes tâtent ensuite le Tertre Rouge près la Tuilerie, à notre droite.

Le Docteur Mallet, qui a fait paraître sur la bataille du Mans un ouvrage d'autant plus intéressant qu'il a pu mieux se renseigner, étant du pays, raconte qu'il tient d'un témoin oculaire que le prince Frédéric-Charles, entouré de son état-major, demeura tout le temps de la bataille derrière le chevet de l'église de Changé, où il était très abrité et fort bien placé pour recueillir les renseignements, et qu'il passa la journée dans la plus anxieuse attente.

Il ajoute :

« Le général de Roquebrune restait seul dans ses positions, mais le Tertre de Changé avait été abandonné par la division Jouffroy. Son flanc gauche était donc maintenant menacé et l'ennemi, par une manœuvre hardie, pouvait le couper du reste de l'aile droite et l'envelopper complètement.

« L'état-major allemand ne paraît pas non plus s'être rendu un compte exact du parti qu'il pouvait retirer de la prise de la Tuilerie (Tertre Rouge).

« Si le IXe corps s'était avancé tout entier par cette trouée, en se faisant seconder au besoin par quelques détachements des autres corps, les Prussiens pouvaient entrer au Mans le soir même, cerner et prendre la plupart des troupes postées devant le Mans au sud de l'Huisne.

« Heureusement il ignorait le désarroi et le découragement de nos troupes sur ce point.

« On ne peut envisager sans un véritable effroi les terribles conséquences que cette résolution aurait pu avoir pour nous.

« Le 21e corps et une partie du 17e corps auraient pu facilement être sauvés ; mais que serait-il resté du 16e corps et des deux divisions du 17e corps, si les Prussiens avaient montré de l'audace ? »

12 janvier

Le 12, dès 6 heures 1/2 du matin, la fusillade reprit avec intensité sur toute la ligne ; à 11 heures, les Prussiens n'avaient pas gagné un pouce de terrain.

Déjà, plusieurs fois, le manque de munitions s'était fait sentir mais on y avait très utilement obvié.

Pour nous déloger, les artilleurs allemands envoyaient dans les bois des obus qui, brisant les arbres, lançant mitraille et éclats de tous côtés, faisaient un bruit effrayant.

A certains moments on aurait juré qu'ils jetaient sur nous des grenades.

Nos hommes n'eurent de tout cela aucune épouvante.

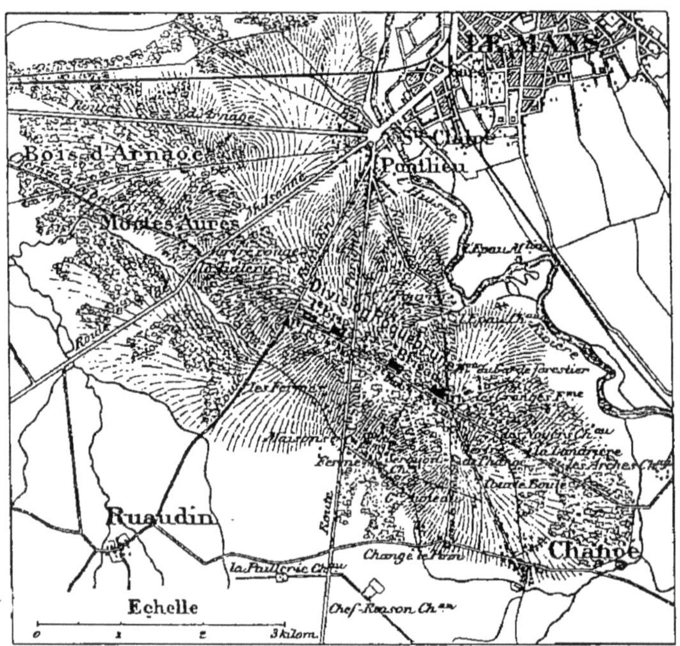

Une batterie prussienne s'était installée devant la compagnie, dans une clairière que les arbres et les haies cachaient à nos yeux.

Je fis, à diverses reprises, diriger sur elle, au jugé, des feux de salve qui l'obligèrent à se déplacer et même à cesser son tir.

A gauche, tiraillait, depuis 7 heures, une compagnie du 76e mobiles ; plusieurs fois, après 10 heures, cette compagnie fit mine de se replier, mais j'observai à son capitaine qu'il nous découvrait en quittant ses positions et il y revint, reconnaissant ainsi qu'il les avait prématurément abandonnées ; cette compagnie disparut enfin vers midi et demi, sans que personne s'en fût aperçu, au milieu du bruit et de la fumée intense qui nous enveloppait ; elle fut remplacée, je crois, par une compagnie du 46e de marche ou, pour être plus exact, par une fraction de compagnie qui battit en retraite, elle-même, environ une demi-heure après.

Derrière, en soutien, se trouvaient les 3e, 4e et 6e compagnies de notre bataillon, bien réduites, surtout les deux dernières, à la suite de l'engagement de la veille.

Chacune de nos compagnies avait fourni quinze hommes de corvée pour les vivres, dont nous avions un urgent besoin. Cette corvée ne revint pas.

A droite, les capitaines Sautet et de La Tour d'Auvergne du 1er bataillon.

Le capitaine Sautet se trouvant le plus ancien des capitaines présents avait pris le commandement et la direction générale des compagnies.

A 10 heures, la fusillade atteignait une intensité effrayante et l'éclatement sinistre de nombreux obus à balles y ajoutait encore, si possible ; nos positions étaient fortes et nous attendions avec confiance l'assaut que pourraient en faire nos adversaires.

A midi et demi, le capitaine de La Tour d'Auvergne, après avoir conféré un instant avec le capitaine Sautet, s'était hâté de regagner l'emplacement de sa compagnie, mais il ne la trouva plus.

Son sous-lieutenant avait, on n'a jamais su pourquoi, battu en retraite sans l'avertir (1).

A ce moment, des hurrahs retentirent au loin, sur notre gauche, presque derrière nous ; la fusillade cessa même un instant de ce côté.

Je m'approchai du capitaine Sautet et lui fis remarquer qu'il était urgent de se rapprocher du régiment, notre soutien naturel.

« Mes hommes n'ont plus que 14 à 15 cartouches « chacun, lui dis-je, bien qu'ils les aient ména- « gées. »

Il me répondit :

« Nous ne pouvons reculer sans ordre, vous le « savez bien ; mes hommes ont moins de cartou- « ches que les vôtres ; j'ai envoyé plusieurs déta- « chements en chercher, personne ne revient. Que « faire ? »

« J'ai donné l'ordre au sous-lieutenant Bastid « de la 6e compagnie de votre bataillon de nous « en procurer. »

Personne ne revenait, je le crois bien, les Allemands occupaient déjà la route de Parigné dont

(1) Au cours de mes recherches au Ministère de la Guerre, j'ai appris qu'il avait été fait prisonnier.

les fossés leur servaient d'abri et d'où ils tiraient à leur aise sur les fuyards traversant les bois. Leurs réserves avaient même formé les faisceaux et faisaient la soupe.

C'est ce qu'on m'a raconté plus tard.

Le départ du 76e mobiles et du 46e de marche avait mis ma gauche en l'air. Je la reportai, homme par homme, à cause du découvert, dans le bois, en même temps que je prescrivais à ma droite de suivre le fossé qui se trouvait à la lisière du côté de la route de Parigné.

Le capitaine Sautet, convaincu trop tard qu'il fallait enfin reculer, même sans ordre, s'était dirigé en hâte vers la route.

La fusillade continuait avec la même violence; les balles éraflaient le sol et parfois nous couvraient de neige; tirées de près (200 mètres), elles frappaient les arbres avec un « toc » désagréable auquel, malgré sa fréquence depuis deux jours, nous n'avions pu nous habituer.

La gauche, devenue notre droite, conduite par le sergent Veisset, arriva au sommet de la pente boisée et se trouva brusquement en contact avec les Allemands qui l'assaillirent d'une grêle de balles. Elle riposta.

Les abords du Chemin aux Bœufs étant occupés, il fallait, pour se défiler des coups, se tenir un peu plus bas que le sommet de la pente et suivre une ligne qui s'infléchissait vers le Chemin aux Bœufs, à 100 mètres de sa jonction avec la route de Parigné.

Le centre, avec lequel je me trouvais, contenait à grand'peine les ennemis auxquels nous avions fait face jusqu'alors et dirigeait des feux de salve sur les chasseurs de Brunswick, à plumet et tenue de ville, qui passaient, par instant, devant nous, au loin sur la route.

Enfin la droite, devenue notre gauche, suivait sous les ordres de Langlade, dans la partie basse du bois, le fossé profond qui se trouve à la lisière.

Cette marche lente, pénible, était surtout dangereuse puisque dans la pente nous n'étions plus abrités des coups de l'ennemi que par les arbres et nous ne pouvions songer à pénétrer sur le plateau qui n'offrait aucun abri et était balayé par les feux des tirailleurs ennemis occupant les fossés du Chemin aux Bœufs auxquels s'étaient joints ceux que nous venions de heurter sur le plateau même.

Le sergent Veisset et nos hommes, tout en faisant le coup de fusil, avaient gagné une sapinière de très jeunes sapins qui joint le Chemin aux Bœufs et garnit la pente d'un repli de terrain dont l'autre pente plus adoucie forme un découvert de 250 mètres bordé de bâtiments donnant sur la route de Parigné.

Je l'y rejoignis.

Nous avions en tout 20 cartouches à peine.

En mots brefs, je fis part de mon projet de franchir d'un bond le Chemin aux Bœufs et de gagner, à tout hasard, Pontlieu.

J'avais envoyé deux hommes à Langlade pour

lui dire de se hâter ; ce dernier avait égrené ses hommes, à 100 mètres au-dessous de nous, dans le fossé qui se trouve au fond du pli de terrain dont j'ai plus haut parlé, et ceux-ci recevaient, sans y répondre, des coups de feu venant des abords de la route ; ils avaient instinctivement, comme les nôtres, mis baïonnette au canon.

En attendant qu'il arrivât à notre hauteur, nous nous plaçâmes, Veisset et moi, malgré la fusillade que dirigeaient sur nous les Prussiens occupant le Chemin aux Bœufs, dont les balles, passant fort heureusement au-dessus de nos têtes, allaient frapper les maisons de la route, nous nous plaçames, dis-je, sur le revers du fossé dudit chemin et nous explorâmes, d'un regard rapide, le terrain.

A droite, un gros de Prussiens suivait le Chemin aux Bœufs, précédé de nombreux tirailleurs, nous touchant presque ; à gauche, le long de la route, une rangée formidable de fusils, se détachant en noir sur la neige qui couvrait le rebord du fossé ; enfin, dans les maisons bordant la route, une quantité d'Allemands, aux aguets, braquaient sur nous leurs armes par toutes les ouvertures.

Nous vîmes, alors, et cela passa devant nous comme une vision infernale, un officier prussien accompagné d'un officier français, un capitaine, je crois, faisant signe de ne pas tirer ; en même temps, les Prussiens de la route criaient aux Prussiens du Chemin aux Bœufs de cesser leur fusillade.

Langlade s'avança, échangea un salut bref ; puis, après quelques mots avec l'officier français, il fit de grands gestes qui dénotaient sa vive émotion et se tourna plusieurs fois indécis de notre côté.

— Nous sommes pris, mon lieutenant, ne put s'empêcher de me dire le sergent Veisset, pâle comme un mort.

A ce moment nous étions cernés par des masses considérables d'Allemands qui sortaient de partout. Nous n'avions pas de cartouches ; se jeter dans les bois au delà du Chemin aux Bœufs, c'était subir de tous côtés, sans pouvoir y répondre, une fusillade meurtrière ; c'était la tuerie inutile. Les hommes comprenant que toute résistance était devenue impossible, brisèrent leurs armes, la rage au cœur.

Nous étions prisonniers.

Il devait être bien près de 2 heures du soir ; mon carnet porte 2 heures.

Je fus amené par quatre Prussiens et leur gradé au rond-point de Ruaudin, où le prince Frédéric-Charles était assis sur une chaise tirée d'un des pavillons qui le bordent. Il me questionna. Je répondis d'une façon évasive et il n'insista pas.

Du côté du Mans on n'entendait rien qui décelât un combat, rien, absolument rien. A ce moment, je regardai ma montre ; il était 2 heures 1/2. Or, de la route de Parigné à celle de Ruaudin, il y a à peine un kilomètre.

2 officiers, 3 sous-officiers, dont un, Veisset,

s'échappa à Vendôme, 52 hommes prisonniers, voilà à quoi avaient abouti pour nous deux jours de haute lutte.

Vous ne battrez en retraite que sur mon ordre, avait dit le général, et nous apprenions à nos dépens qu'il fallait interpréter les ordres d'une façon plus clairvoyante.

Combien de victimes? Elles furent nombreuses, sans doute ; impossible de l'établir d'une façon exacte.

C'était un désastre dont nous ne pouvions accepter la responsabilité. On ne nous avait pas prévenus et on ne pouvait nous faire que le reproche d'avoir trop bien exécuté l'ordre qui nous avait été donné par le général de Roquebrune lui-même. La retraite a de graves inconvénients quand on ne se sent pas assez les coudes.

A Connéré, le même jour, le 59e de marche reçut son ordre de retraite alors que les Allemands occupaient depuis une heure toutes les positions derrière lui ; c'était trop tard. 11 officiers et 500 hommes furent faits prisonniers.

Le régiment protesta.

Suivant le dire de Bastid, un officier du 43e de marche, également prisonnier, lui aurait affirmé que deux compagnies de son régiment avaient pour mission spéciale de nous rappeler et de soutenir notre retraite.

Elles ne l'ont pas fait, c'est bien certain. Peut-être ne l'ont-elles pu. Mystère !

Le 41e de marche avait commencé son mouvement de retraite à 9 heures et les régiments voisins ne se replièrent qu'à 11 heures. C'est plus tard, vers midi 1/2, que les régiments qui se trouvaient entre la route de Parigné et le Tertre de Changé ont abandonné leurs positions et se sont retirés en bon ordre, par échelons, sur le Mans. Le mouvement, au début, a été un peu précipité, car on pouvait craindre d'être enveloppé, les troupes défendant l'accès de la vallée de l'Huisne s'étant également retirées, et c'est dans cette hâte, vraisemblablement, que nous fûmes oubliés.

Le capitaine Devillas m'avoua plus tard, à Stettin, durant notre captivité, qu'il avait eu tort de suivre le mouvement de retraite de la compagnie du 46e de marche, sans s'assurer que nous nous nous en étions aperçus. Il me dit, qu'à leur arrivée sur le plateau, les mobiles du 76e, que cette compagnie avait remplacés, avaient essuyé la fusillade des troupes ennemies qui occupaient déjà l'emplacement du 3e bataillon ; que le capitaine du 76e mobiles avait été tué en essayant de traverser le Chemin aux Bœufs et que son sous-lieutenant et quelques hommes avaient été blessés ; que la compagnie s'était alors débandée dans le bois.

Il ajouta qu'il s'était dirigé vers la route de Parigné avec les sous-lieutenants Bastid et Duchamp et qu'ils étaient tombés sur un régiment prussien qui les avait faits prisonniers, en même temps que les officiers et les soldats peu nombreux de la compagnie du 46e de marche qui était venue se placer à notre gauche et qui, plus exposée que nous et moins bien abritée, avait été décimée par les feux de l'ennemi.

Le sous-lieutenant Bastid et les 30 hommes de la 6e compagnie qu'il commandait avaient précédé d'un quart d'heure le départ du capitaine Devillas. Ils revenaient nous avertir que l'ennemi était derrière nous lorsqu'ils furent entraînés par la 3e compagnie dans sa retraite.

Il ne restait plus au bataillon que trois compagnies : la 1re, capitaine Vignal ; la 5e, capitaine Marty ; la 7e sous les ordres du sous-lieutenant Froment.

Ces trois compagnies étaient sous le commandement du capitaine Gibert ; je lui cède la parole :

Le 12 janvier, raconte le capitaine Gibert, nous prîmes les armes et attendîmes des ordres ; ils arrivèrent enfin. Un officier d'état major me prescrivit de faire porter en avant une compagnie du bataillon ; la compagnie du capitaine Devillas partit aussitôt dans la direction indiquée. Une demi-heure après, je reçois l'ordre de faire avancer une autre compagnie dans la même direction ; ce fut le tour de la 4e, sous les ordres du sous-lieutenant Duchamp. Un peu plus tard, on m'ordonna encore de porter en avant, et toujours dans la même direction, une nouvelle compagnie ; ce fut la 6e qui se mit en marche.

Ces trois compagnies, surtout les deux dernières, étaient bien réduites soit par l'engagement de la veille, soit par la corvée d'environ quinze hommes par compagnie envoyée au Mans pour chercher des vivres et qui ne revint pas.

Je n'avais donc plus sous mes ordres directs que les compagnies des capitaines Vignal et Marty et la 7e dont le capitaine avait été tué la veille et qui était sous les ordres du sous-lieutenant Froment.

Ici, mes souvenirs s'égarent.

Je me rappelle cependant que nous fûmes attaqués par l'ennemi ; chacun de nous était embusqué. Nos mobiles faisaient un feu assez serré. J'étais derrière un arbre planté au bord d'un chemin dont j'ignore le nom, le long duquel nous nous trouvions et qui, par parenthèse, reçut pour moi bon nombre de balles *en pleine poitrine.*

Le capitaine Vignal était à environ dix mètres plus avant dans le bois ; il est atteint d'une balle à la cuisse et quitte le champ de bataille. Nos mobiles se trouvaient pêle-mêle, faisant feu à volonté. Des mobiles sont blessés, notamment Chabrier, de Condat, qui reçoit une balle dans le bras droit, jette son fusil au diable en poussant de grands cris.

La lutte continue, toujours vive et acharnée, mais les munitions s'épuisent ; j'avais bien détaché à temps un sous-officier pour aller en chercher à un endroit désigné, mais ce sous-officier ne revint pas. J'en détachai un second qui ne revint pas non plus. Que devinrent-ils? Je l'ignore.

Plus de cartouches, plus de résistance possible. J'ordonnai la retraite qui s'effectua dans le meilleur ordre.

Nous fûmes encore assaillis sur notre gauche par les Prussiens qui, poussant des hurrahs, dirigèrent sur nous une fusillade enragée et firent beaucoup de victimes.

Enfin nous rentrons au Mans en passant par un moulin, les uns derrière les autres, n'ayant pu traverser le pont que l'on avait miné pour le faire sauter ; nous arrivâmes sur la grande place et songeâmes à manger, car la faim nous dévorait n'ayant rien pris depuis 48 heures.

Mais pas de chance, un ordre arrive subitement de quitter le Mans ; les Prussiens étaient entrés après nous par le pont miné qui sauta, mais pas assez complètement pour leur barrer le passage.

Obligés de partir, on nous dirige avec tous les soldats qui étaient en ville — et le nombre en était grand — vers le faubourg qui va à la Milesse.

A la sortie de la ville, des officiers généraux ou autres étaient là pour indiquer à chaque numéro de régiment la route que chacun devait suivre pour rejoindre son corps respectif.

Les débris du 72e mobiles furent dirigés sur la Milesse qu'ils traversèrent avec un pied de neige pour aller passer la nuit dans un village à quelques lieues de là.

« Le 12 janvier, raconte à son tour le sous-lieutenant Froment, ma compagnie fut désignée par le général de Roquebrune en personne pour aller soutenir, en avant du Chemin aux Bœufs, sur la gauche de la 2e compagnie de notre bataillon, deux compagnies dont l'une du 43e régiment de marche et l'autre de notre 3e bataillon, capitaine Deslien.

« Il était 8 heures du matin.

« A peine étions-nous placés que le capitaine Deslien s'élança en avant au cri de : « Vive la France ! » entraînant à sa suite les trois compagnies.

« Nous avions franchi environ 400 mètres lorsque les Prussiens, dissimulés derrière des meules faites avec des branches de sapins, nous saluèrent par une terrible fusillade qui mit le désordre dans nos rangs. Le capitaine Deslien tomba mortellement frappé. Il n'avait que 24 ans.

« Le capitaine du 43e de marche nous fit replier en bon ordre.

« Nous nous embusquâmes dans les fossés du Chemin aux Bœufs et tînmes tête à l'ennemi pendant trois heures.

« Chaque homme avait brûlé 70 cartouches.

« Vers midi et quart, ce brave et énergique officier, dont je regrette de ne pas savoir le nom, donna l'ordre de la retraite et nous pûmes, sans encombre, passer l'Huisne sur le pont de Pontlieu quelques minutes avant qu'il ne sautât.

« A une heure et demie, nous étions au Mans, sur la grande place, et nous songeâmes à apaiser notre faim dans un hôtel, mais nous eûmes à peine le temps de prendre un morceau de pain et de viande, car l'état-major nous prévint que les Allemands pénétraient en ville. »

« Le 12, à cinq heures du matin, écrit le comte Charles de Saint-Poncy, l'éternel cri : « Sac au dos » retentit. L'ennemi se trouvait à quelques pas de nous et notre grand-garde en était si rapprochée que Prussiens et Français auraient pu, sans trop élever la voix, entamer une conversation.

« Vers 7 heures 1/2, le colonel nous donna l'ordre suivant : « Messieurs, allez soutenir la 2e compagnie qui est de grand-garde. » Aucun détail ne fut précisé. Nous partîmes sur le champ.

« L'engagement durait déjà depuis plus d'une heure. La fusillade était très vive.

« Nous trouvâmes la 2e compagnie dans le fossé où elle avait passé la nuit, ensevelie sous la neige. Cette compagnie, une de nos meilleures, avait appris la mort du brave Basset, son capitaine ; mais, grâce à Dieu, celui-ci se trouvait dignement représenté par MM. Teissèdre et Langlade, ses lieutenants.

« Il y avait dix-huit heures au moins que cette compagnie, aux prises la veille avec l'ennemi, occupait cette position ; elle était comme la nôtre, sans vivres depuis deux jours.

« A 40 mètres derrière nous vinrent se placer les 4e et 6e compagnies commandées par Eugène Duchamp et Henri Bastid.

« A notre gauche se trouvait une compagnie d'un régiment de mobiles dont j'ignore le numéro.

« Le capitaine qui la commandait voulait à

chaque instant battre en retraite. M. Devillas me pria d'aller lui dire de rester à son poste. Je m'acquittai à deux reprises de cette mission et démontrai au capitaine qu'il compromettait non seulement son honneur mais notre propre sécurité puisqu'en se retirant il laissait notre gauche absolument sans défense.

« Il partit enfin et sa compagnie fut remplacée par une compagnie du 46e de marche qui, elle, resta jusqu'à la fin et partagea notre sort.

« Les balles et les boîtes à mitraille prusiennes pleuvaient sur nous de tous côtés, les grenades et les obus balayaient avec fracas hommes et arbres. C'était un vacarme effroyable.

« Cependant le feu des Prussiens redoublait.

« Il était presqu'une heure de l'après-midi, lorsque des hurrahs formidables retentirent à gauche, derrière nous, véritables cris de bêtes féroces dominant la voix de la mitraille. Un instant après, un officier du 46e de marche nous cria : « Suivez-nous donc, la retraite a sonné depuis plus de deux heures. »

« Nous nous dirigeâmes alors vers la route de Parigné, point en apparence moins menacé.

« En nous approchant, nous aperçûmes des shakos à plumet. Hélas ! c'étaient les chasseurs du duc de Brunswick. Nous étions cernés.

« Quand Napoléon Ier voulait encourager un régiment, une brigade, une division, il s'écriait : « Vous êtes tous des braves ; il faut résister jus-
« qu'à la fin et l'histoire dira plus tard en parlant

« de vous : Voilà les sauveurs de l'armée fran-« çaise ! »

« Ce sont des paroles banales peut-être, mais que la situation rend sublimes. Nos généraux raisonnèrent autrement, ils nous cachèrent la vérité et nous n'eûmes même pas l'honneur d'un dernier avertissement de la part d'un officier d'ordonnance quelconque.

« Un homme averti en vaut deux », dit-on communément, et tout en barrant aux Allemands la route de Parigné, nous aurions pu lentement battre en retraite et ne nous laisser ni envelopper ni prendre comme « oiseau en cage ».

« Le 12, dès 6 heures, raconte le capitaine Roze des Ardons, le 3e bataillon prend les armes et se porte à droite du tertre de Changé ; il a contact avec l'ennemi presqu'en même temps que le 43e de marche à côté duquel il se trouve. La fusillade commence à 7 heures et devient bientôt effroyable d'intensité. Le bataillon atteint la lisière du bois et couvre le tertre de ses balles. Au bout de trois heures le manque de munitions l'oblige à se replier vers le Chemin aux Bœufs au moment précis où les Allemands semblaient faiblir et se retirer. Il prend position dans les fossés de ce chemin et, par des feux rasants, empêche l'ennemi d'avancer.

« A 11 heures 1/2, la retraite sonne. Nous tenons bon quand même, mais les Prussiens vont nous envelopper. Nous abandonnons, à regret, à midi et demi, le champ de bataille et notre retraite s'effectue en bon ordre malgré les feux de salve que les Allemands nous envoient en les accompagnant de hurrahs frénétiques et retentissants qui ne nous effraient pas.

« Le sous-lieutenant Driat tombe foudroyé, le sabre à la main, à la tête de son peloton qui, lui-même, est anéanti. Le capitaine Sirmain et le lieutenant Dufour sont blessés. Enfin, le capitaine Deslien, frappé mortellement au début de l'action, a été emporté dans une toile de tente.

« D'après moi, les pertes du régiment, dans ces deux journées, au moins en ce qui concerne les 2e et 3e bataillons, ont été considérables, à en juger par le nombre des officiers atteints et surtout par celui des blessés relevés sur le champ de bataille ou l'ayant abandonné pour recevoir des soins soit dans une ambulance soit au Mans. »

Le 1er bataillon avait occupé, l'arme au pied, son même emplacement, près de la route de Parigné ; il suivit le mouvement de retraite opéré par les mobiles du 74e, ses plus proches voisins de droite, et sans rappeler les deux compagnies qui couvraient son front, se replia, isolément, à 11 heures, sur Pontlieu.

Les pertes du régiment dans les deux journées du 11 et du 12 janvier étaient les suivantes :

		Tués	Blessés
Officiers :	11 janvier....	4	1
	12 janvier....	2	4
		6	5
		11	

Sous-officiers et soldats tués ou blessés : 400 environ.

Consultons maintenant l'historique des régiments.

43e de marche. — Le 12 janvier, dès la première heure, le régiment a repris les armes et s'est placé sur le côté droit du Chemin aux Bœufs, face au tertre de Changé ; le 3e bataillon s'est établi près de la jonction des routes, dans des sapins, derrière un fossé à bord élevé, très proche de la route et perpendiculaire à sa direction.

Chaque bataillon se fait couvrir par une compagnie en tirailleurs qui ouvre le feu sur l'ennemi ; un instant après, le 3e bataillon se porte en avant, commence un feu très nourri et s'avance jusqu'à la lisière des bois.

Il est remplacé dans la position qu'il vient de quitter par des compagnies du 2e bataillon et du 72e mobiles ; l'ennemi est forcé de reculer et le capitaine commandant le 3e bataillon, qui a fait avancer sa droite, est sur le point de prendre les Prussiens à revers, quand le défaut de munitions nous oblige à nous reporter en arrière.

Le 2e bataillon et les compagnies du 72e mobiles s'élancent à leur tour sur l'ennemi, mais celui-ci a été renforcé et le 2e bataillon, très éprouvé comme le 72e mobiles, perd son chef, le commandant Pastre, qui est tué.

Le 1er et le 3e bataillons soutiennent par leurs feux le retour des troupes engagées.

L'ordre de retraite sur le Mans avait été donné à 11 heures.

Il y avait quatre heures que le 43e tenait sa position et soutenait ainsi la retraite de l'armée.

Les soldats étaient noirs de poudre.

Le régiment s'était bien conduit.

Les officiers avaient fait preuve d'une grande solidité.

On ne pouvait reprocher aux troupes que de n'avoir pas une vieille expérience qui leur eut permis de ménager avec soin leurs munitions.

76e mobiles. — Le 12, le 76e mobiles est engagé très vivement avec l'ennemi jusqu'à 11 heures 1/2 du matin où l'ordre arrive de se mettre en retraite. Il se retire, en bon ordre, avec des pertes graves.

41e de marche. — Le 41e commence son mouvement de retraite vers 9 heures du matin.

33e mobiles. — Le 33e mobiles a passé toute la nuit sur pied, en colonne, par demi-section, la baïonnette au canon, tout prêt à effectuer l'attaque du Tertre Rouge.

Les grand-gardes sont attaquées à tout instant. Une partie de la 2e compagnie est enlevée.

Au jour on ne voit que fuyards.

Les batteries ennemies placées sur le Tertre Rouge nous prennent d'écharpe et nous font beaucoup souffrir.

A 10 heures, pas d'ordre.

Le commandant décide de se retirer; la retraite

s'effectue en bon ordre, sous un feu violent qui nous fait perdre pas mal de monde.

Nous passons l'Huisne à Pontlieu, sur la passerelle du moulin, homme par homme.

75e *mobiles.* — Au jour, le bataillon est seul (Maine-et-Loire), les deux autres bataillons n'ayant pas repris leur place, lorsque vers minuit le régiment avait été informé qu'il fallait renoncer à reprendre la Tuilerie (Tertre Rouge).

Le capitaine Richon n'ayant plus personne à sa droite, se met en communication avec le commandant du 33e mobiles et il est convenu que quand le régiment recevra l'ordre de retraite, il en avertira le bataillon.

Le fonctionnaire adjudant-major envoyé, fut tué dans le trajet et l'ordre n'arriva pas.

11 heures sonnant et le commandant n'apercevant plus le 33e mobiles mais voyant, au contraire, l'ennemi s'avancer de toutes parts, ne veut cependant pas reculer sans ordre.

Un officier se met à la recherche d'un officier supérieur; il rencontre le colonel Reibell qui lui donne un ordre écrit.

Immédiatement le capitaine Richon rassemble le bataillon, lui fait prendre le chemin de Ruaudin, marche en colonne avec le plus grand ordre et franchit à 1 heure l'Huisne à Pontlieu.

70e *régiment de mobiles.* — Le 12 janvier, à 9 heures du matin, on n'a pas encore reçu de vivres.

La terrible nuit que l'on vient de passer au

bivouac a porté à son comble la fatigue et le découragement parmi les 7 officiers et les 200 hommes qui restent du régiment.

Hâves, déguenillés, les chaussures en lambeaux, nous ressemblions à des mendiants armés.

A 9 heures 1/2, un officier d'état-major apparaît, porteur d'un ordre. C'est l'ordre de la retraite, pensâmes-nous. Hélas! nous fûmes vite désappointé :

— Colonel, dit tout haut l'officier, il faut vous porter au château des Noyers et vous y maintenir énergiquement jusqu'à nouvel ordre.

Le colonel, nous montrant du doigt, répondit :

— Voilà mon régiment, sans vivres depuis trois jours, incapable de se mouvoir.

L'officier dont la figure empourprée, le londrès aux lèvres, témoignaient qu'il avait amplement déjeuné, reprit :

— Avez-vous des cartouches ?

Il fallut exécuter l'ordre donné et pousser jusqu'au château des Noyers où nous nous heurtâmes à un gros de Prussiens.

— Baïonnette au canon, en avant! tel est le commandement.

Les Prussiens, surpris, s'enfuirent au plus vite.

A midi 1/2, les débris du régiment traversaient l'Huisne et gagnaient la ville où les obus pleuvaient déjà. (Courtil, capitaine.)

La section historique du grand état-major allemand s'exprime ainsi au sujet de cette journée du 12 janvier :

« Au retentissement de la fusillade le général Alvensleben faisait donner l'alerte à ses troupes à 7 heures du matin.

« La 12e brigade se rassemblait au château des Arches ; la 11e au château des Noyers ; la 10e à Courteboule ; la 9e à Changé avec l'artillerie de corps.

« Une heure plus tard, les Français attaquent vigoureusement les avant-postes établis dans les bois de Pontlieu et repoussent les fusiliers du 12e sur le 2e bataillon vers le tertre (de Changé) qu'ils couvrent de balles.

« Comme l'assaillant menaçait de déborder les deux ailes, le général de Schwérin dirige, vers 10 heures, le 1er bataillon du 52e et deux pièces de la batterie lourde sur le Grand-Auneau, en même temps que deux autres pièces de la même batterie prennent position auprès de Courteboule et que le 1er bataillon du 12e se déploie au nord du tertre.

« Une action des plus chaudes se déchaîne alors aux alentours de cette métairie. Les fusiliers du 12e dont les munitions étaient à peu près épuisées, reviennent partiellement en arrière et les derniers bataillons de la brigade entrent successivement en ligne.

« Au bout d'une heure, cependant, le feu des Français perdait de son intensité ; à 11 heures, on constatait que l'ennemi se repliait du côté de Pontlieu. L'ordre est donné à la 10e brigade d'avancer à sa suite.

« Du Grand-Auneau, les tirailleurs des 3e et 4e

compagnies du 52e s'étaient avancés de même, à la suite de l'ennemi en retraite ; les deux pièces portées sur ce point en avaient fait autant et, prenant position dans une clairière, elles précipitaient par quelques coups de canon la retraite des Français.

« Le 2e bataillon du 52e et la 5e compagnie du 12e ont raison d'une dernière tentative de résistance sur le Chemin aux Bœufs.

« Ce mouvement continuant, la route de Parigné est atteinte *et l'adversaire est délogé après une lutte fort vive des positions qu'il occupait encore* (1).

« La brigade entrait alors en communication sur la grande route avec le IXe corps. »

Voici ce qu'a écrit le général Chansy :

« La 1re division (de Roquebrune) qui avait montré tant de solidité depuis la veille, luttait encore courageusement le long du Chemin aux Bœufs, lorsque, à 11 heures, il lui fut prescrit de battre en retraite ; elle se replia en bon ordre, protégée par le 41e de marche qui n'abandonnait ses positions que successivement (2).

(1) C'est bien certainement de nous dont parle l'état-major allemand, car nous étions, à ce moment, les seules troupes résistant encore ; les autres, qui nous encadraient à droite et à gauche, s'étaient, en effet, retirées, ainsi que je l'ai dit plus haut, sur l'ordre qu'on leur avait donné et que nous ignorions.

C'est, sans contredit possible, nous qui avons eu l'honneur de tirer là, sur nos ennemis victorieux, le dernier coup de fusil.

(2) Le général Chansy commet une erreur : le 41e de marche avait battu en retraite à 9 heures. Il commet

« L'ennemi, devant cette résistance, n'avance que lentement. La division peut traverser le Mans sans être entamée et passer la Sarthe pour aller coucher à Domfront. »

La vallée de l'Huisne était la voie certaine que devait prendre l'invasion ; elle la prit en effet et vint se heurter à Changé contre le secteur de l'amiral Jauréguiberry, glissant, pour ainsi dire, le long de l'Huisne et n'ayant que des escarmouches variant d'intensité avec les troupes qui garnissaient les coteaux de la rive droite de Connéré jusqu'à Champagné.

L'Huisne, dans sa partie supérieure, coule du nord-est au sud-ouest, mais à Champagné elle se dirige vers le nord et après un circuit de 5 kilomètres reprend à partir d'Ivré-l'Evêque sa direction primitive pour se jeter dans la Sarthe au gué de Moulny, l'un des faubourgs du Mans.

De Champagné à Yvré elle forme un arc de cercle dont la concavité tournée vers le sud est remplie par le plateau d'Auvours.

Ce plateau formait la ligne de défense principale avec les collines ondulées et boisées qui d'Arnage viennent mourir sur les bords de l'Huisne formant une succession de tertres ou plateaux reliés entre eux par le Chemin aux Bœufs.

L'effort des Allemands porta donc non seule-

enfin un oubli en ne citant pas les braves régiments qui ont soutenu la retraite : le 43e de marche, les 33e, 72e, 74e, 75e et 76e mobiles.

ment sur Changé mais encore sur Champagné d'abord, sur Auvours ensuite.

Cette position d'Auvours, très forte par elle-même, était en outre protégée par de l'artillerie ; elle se trouvait dans le secteur du général Gougeard.

Le 11, les Prussiens s'emparent de Champagné, y établissent une nombreuse artillerie qui prend d'enfilade le plateau, puis, après avoir bien préparé l'attaque, ils se lancent en colonnes profondes à l'assaut.

Auvours tombe en leur pouvoir, nos troupes débandées se précipitent vers le Mans.

Le général Gougeard rassemble des zouaves pontificaux, des mobiles et des mobilisés ; il se met à leur tête et marche bravement, l'épée à la main, à l'ennemi :

« Allons, Messieurs, dit-il, en avant, pour Dieu « et la patrie, le salut de l'armée l'exige. »

Tous ces soldats, les zouaves en tête, gravissent pêle-mêle, mais sans désordre, sans tirer un coup de fusil, les pentes d'Auvours, les clairons sonnant la charge.

Ils reçoivent à 20 mètres le feu meurtrier de leurs adversaires, abrités derrière des épaulements, se jettent sur eux à la baïonnette et les culbutent après un long corps à corps, aidés par le 10e bataillon de chasseurs accouru à la rescousse.

Le plateau d'Auvours était à nous au prix de grands sacrifices. Il fallut l'abandonner le lende-

Carte du Mans

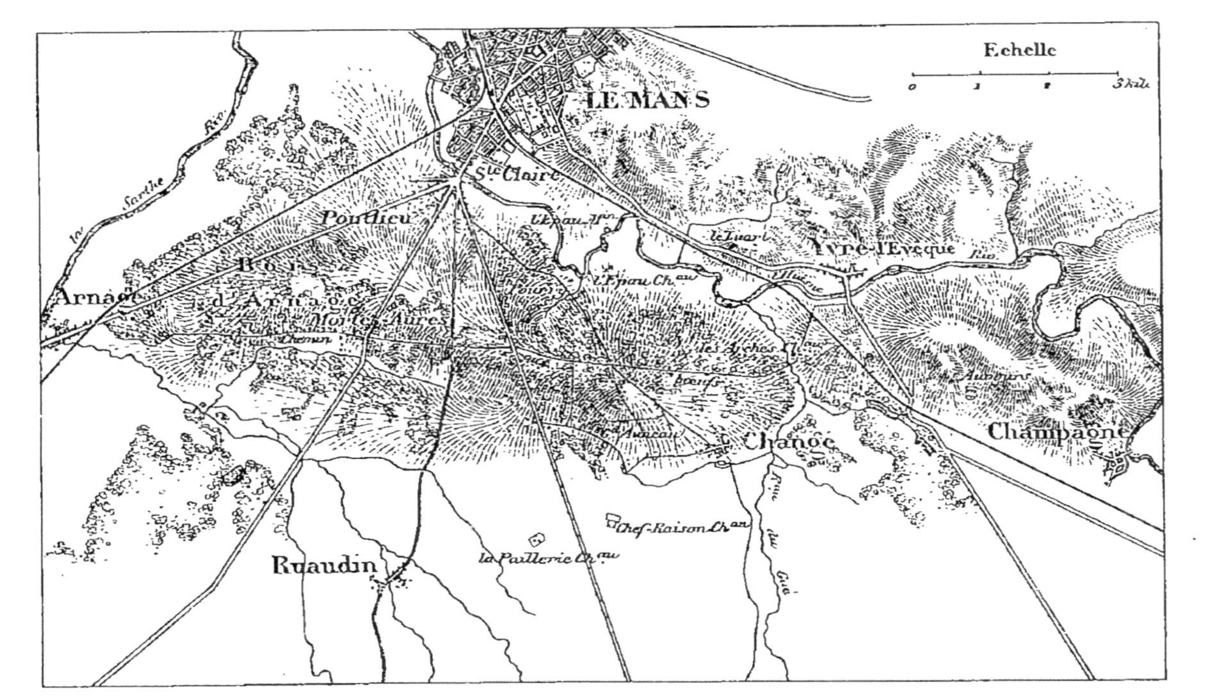

main matin et suivre le mouvement de retraite qui, de Sainte-Corneille à Arnage, par les plateaux de la Hernière et d'Auvours, sur un front de 30 kilomètres, avait été rendu nécessaire par l'abandon fâcheux de la Tuilerie.

Les Allemands ont accusé 200 officiers et 3.300 hommes tués ou blessés ; ils se sont en outre vantés d'avoir fait 20.000 prisonniers et d'avoir pris 17 pièces de canon et 2 drapeaux. On doit en rabattre ; le docteur Chenu, dans son ouvrage : *Aperçu sur le service des ambulances et des hôpitaux*, évalue les pertes de l'armée française (tués, blessés ou prisonniers) à 6.200 hommes seulement.

« Quoi qu'on ait pu dire, il y avait encore une armée de la Loire.

« Cette armée qui ne se composait au début que d'un ramassis d'hommes armés avait soutenu, pendant près de trois mois, tous les efforts des quatre corps allemands.

« Elle avait livré, pendant ce temps, dix batailles rangées et plus de quarante combats. » (Docteur MALLET.)

« La campagne de la Loire a été malheureuse mais les conditions de nombre, d'organisation et de température au milieu desquelles elle fut accomplie la rendent une des plus mémorables que les armées françaises aient jamais faites. » (GRENEST.)

L'armée se porta sur Alençon où elle eut un engagement sérieux d'arrière-garde, puis de là elle gagna Laval, après avoir obtenu un succès à Sillé-le-Guillaume.

L'armistice suspendit, sur ces entrefaites, les opérations.

Le régiment se rendit à Chatellerault et rentra enfin dans ses foyers où il fut licencié.

Sans faire d'actions d'éclat, il avait largement payé la dette du sang à la patrie ; au surplus il avait donné sans compter.

FIN

État des pertes de quelques régiments de mobiles des 16e et 17e corps

---

66e régiment (Mayenne).

	Tués	Blessés
Officiers	2	17
	19	

Un nombre considérable de tués ou blessés mais inconnus.

22e régiment (Dordogne).

	Tués	Blessés
Officiers	6	15
	21	

615 sous-officiers et soldats tués ou blessés.

27e régiment (Isère).

	Tués	Blessés
Officiers	1	16
	17	

800 sous-officiers et soldats tués ou blessés.

71e régiment (Haute-Vienne).

	Tués	Blessés
Officiers	3	9
	12	

641 sous-officiers et soldats tués ou blessés.

85e régiment (Gers).

	Tués	Blessés
Officiers.	4	6
	10	

326 sous-officiers et soldats tués ou blessés.

33e régiment (Sarthe).

	Tués	Blessés
Officiers	2	17
	19	

1.100 sous-officiers et soldats tués ou blessés.

75e régiment (Loir-et-Cher, Maine-et-Loire.)

	Tués	Blessés
Officiers.	7	24
	31	

Sous-offic. et soldats tués. . . .	352
» » blessés.	873
Total. . . .	1.225

70e régiment (Lot).

	Tués	Blessés
Officiers.	7	13
	20	

dont 7 au Mans et 15 officiers prisonniers.

Nombre considérable mais inconnu de tués, blessés, disparus ou prisonniers.

20

72e régiment (Cantal et Yonne).

	Tués	Blessés
Officiers........................	6	11
	17	

dont 11 au Mans.

507 sous-officiers et soldats tués ou blessés (chiffre approximatif).

74e régiment (Lot-et-Garonne).

Officiers........................	4	7
	11	

dont 3 au Mans.

Sous-offic. et soldats tués....	114
» » blessés.	397
Total....	511

PAGE D'OR

Officiers du 72e mobiles tués ou blessés à l'ennemi

MM.

Longbois, capitaine, 8 décembre, éclat d'obus, deux coups de feu au sein droit.

Pallu, capitaine, 8 décembre, éclat d'obus, coup de feu à la hanche droite.

Salleron, capitaine, 8 décembre, coup de feu à la joue.

Chiroux, lieutenant, 8 décembre, éclat d'obus au bras droit.

MM.

Perrin, sous-lieutenant, 8 décembre, coup de feu à la cuisse droite.

Lamy, sous-lieutenant, 8 décembre, coup de feu au tibia.

Josson de Bilhem, chef de bataillon, 11 janvier, coup de feu à la tête, tué.

Basset, capitaine, 11 janvier, 2 balles aux jambes, 1 balle dans les reins, mort le 25 de ses blessures.

Estieu, capitaine, 11 janvier, coup de feu à la tête, tué.

Bègue, sous-lieutenant, 11 janvier, coup de feu à la poitrine, tué.

Louvrier, lieutenant, 11 janvier, contusionné, (fait prisonnier).

Driat, sous-lieutenant, 12 janvier, coup de feu à la poitrine, tué.

Vignal, capitaine, 12 janvier, coup de feu à la cuisse.

Sirmain, capitaine, 12 janvier, balle au mollet droit.

Dufour, lieutenant, 12 janvier, balle dans la poitrine.

Deslien, capitaine, 12 janvier, mort le 27 janvier.

Genestal, lieutenant, 12 janvier, contusionné à l'épaule gauche.

Amagat, capitaine, mort de maladie à Auxerre (variole).

Je dois à l'aimable intervention de MM. Marliez, commis aux Archives, et Martinien, commis à la section historique du Ministère de la Guerre, et aux communications qu'ils ont bien voulu me faire, avec une obligeance et une courtoisie parfaites, de m'être quelque peu renseigné sur le 72e mobiles. Mais il est un point que je n'ai pu élucider : je veux parler des pertes subies par ce régiment.

« Les feuilles de journée et la comptabilité ont été prises ou perdues dans la retraite du Mans, m'a-t on répondu, voilà les contrôles. »

Je les ai compulsés, ces contrôles, avec un soin jaloux, mais inutilement, car ils ont été refaits, paraît-il, après la guerre, lors du licenciement.

Le docteur Chirier, aide-major au 1er bataillon, auquel je me suis adressé, m'a écrit :

« J'ai donné, dans la maisonnette du cantonnier, sur la route de Parigné, en arrière du Chemin-aux-Bœufs, des soins à de très nombreux blessés et même à quelques Allemands, notamment à un vaguemestre qui, pour s'attirer les bonnes grâces de ses voisins, les Français, blessés comme lui, leur offrait du « schnaps » dont il était abondamment pourvu et leur distribuait, en riant, les lettres adressées à ses compatriotes par leurs « gretchen », lettres qu'il pensait ne pouvoir plus remettre à leurs destinataires. »

Je me suis adressé également à plusieurs officiers du régiment que j'ai été assez heureux pour retrouver.

De tous ces renseignements, il résulte pour moi la conviction que la moyenne des tués et blessés à la bataille du Mans est d'environ. 400

	Tués	Blessés	
Reconnaissance en avant de Beaugency	1	3	
Bataille du 8 décembre.......	26	61	
Bataille du 9 décembre.......	1	15	
	28	79	107
Total..........			507

Ce chiffre, à mon avis, est au-dessous de la réalité, mais je n'entends en aucune façon l'imposer.

Le capitaine Roze des Ordons est allé, l'an dernier, visiter le champ de bataille du Mans; il m'a rapporté que les arbres de cette partie du bois, brisés par les obus et surtout déchiquetés par les balles, avaient été tous, absolument tous arrachés.

DÉCORATIONS

LÉGION D'HONNEUR

9 Janvier 1871

MM.	LONGBOIS, capitaine, blessé.	Chevalier.
	PALLU, id. id.	id.
	SALLERON, id. id.	id.

28 Février 1871

COURNIER, lieutenant-colonel.	Officier.
BOUSCAREL, chef de bataillon.	Chevalier.
VIGNAL, capitaine, blessé.	id.

24 Juillet 1871

BONNEVILLE DE MARSENGY, lieut. (Off. d'ordonnance du général Roquebrune).	id.

22 Août 1871

CHIRIER, aide-major.	id.

7 Septembre 1871

CORMIER, chef de bataillon.	id.
JULLIEN, aide-major.	id.

15 Septembre 1871

BOUCHY, capitaine (médaillé mil.)	id.

10 Juillet 1889

SIRMAIN, capitaine, blessé.	id.

18 Juillet 1893

LAMY, sous-lieutenant, blessé.	id.

MÉDAILLE MILITAIRE

9 Janvier 1871

MM. Cotty, sergent-major.
Courtois, caporal, blessé.
Thiroux, sergent, blessé.
Percheron, sergent-fourrier, blessé.

26 Février 1871

Bories, sergent, blessé.
Trumeau, sergent, blessé.

4 Mai 1871

Picot, sergent-major.
Lespagnol, sergent-major.
Moussot, sergent-major.

7 Septembre 1871

Barbier, sergent-major.
Francon, sergent, blessé.
Bertin, sergent, blessé.
Tiraby, caporal clairon.
Rognon, garde, 2 blessures.

7 Mars 1876

Chabrier Jean, garde, prêtre missionnaire aux Etats-Unis, blessé grièvement le 12 janvier 1871 (bataille du Mans).

ANNUAIRE

des régiments formant le secteur de l'amiral Jauréguiberry à la bataille du Mans.

17e Corps

Division de Roquebrune. — Brigade Bérar : 41e de marche, 74e de mobiles (Lot-et-Garonne), 11e bataillon de chasseurs (n'a pas été engagé). — Brigade Faussemagne : 43e de marche, 72e de mobiles (Cantal-Yonne).

Division de Jouffroy : 1er bataillon de chasseurs, 45e et 46e de marche, 70e (Lot) et 76e (Ain) de mobiles.

16e Corps

Division Deplanque : 37e et 39e de marche, 33e (Sarthe) et 75e (Loir-et-Cher, Maine-et-Loire) de mobiles.

Division Barry. — Brigade Desmaisons : 31e de marche, 22e (Dordogne) de mobiles. — Brigade Baille : 38e de marche, 46e (Mayenne) de mobiles.

Division Curten. — Brigade Le Couëdec : 16e bataillon de chasseurs (n'a pas été engagé), 40e de marche, 88e de mobiles (n'a pas été engagé). — Brigade Thierry : 23e bataillon de chasseurs (n'a pas été engagé), 27e (Isère) 71e (Hte-Vienne) de mobiles (n'ont pas été engagés).

Saint-Flour — Imprimerie S. Froment.

www.ingramcontent.com/pod-product-compliance
Ingram Content Group UK Ltd.
Pitfield, Milton Keynes, MK11 3LW, UK
UKHW021055200726
13857UKWH00003B/928

9 782012 939509